# 纽 约 制 造

## ——曼哈顿的名士与小馆

昂放 著

U0362585

北京大学出版社

PEKING UNIVERSITY PRESS

**图书在版编目 (CIP) 数据**

纽约制造：曼哈顿的名士与小馆/昂放著. —北京：北京大学出版社，
2017.10

ISBN 978-7-301-28813-9

Ⅰ.①纽… Ⅱ.①昂… Ⅲ.①旅游指南—纽约 Ⅳ.①K971.29

中国版本图书馆 CIP 数据核字（2017）第 238869 号

| | |
|---|---|
| 书　　　　名 | 纽约制造——曼哈顿的名士与小馆<br>NIUYUE ZHIZAO |
| 著作责任者 | 昂　放　著 |
| 责 任 编 辑 | 王　莹 |
| 标 准 书 号 | ISBN 978-7-301-28813-9 |
| 出 版 发 行 | 北京大学出版社 |
| 地　　　址 | 北京市海淀区成府路 205 号　100871 |
| 网　　　址 | http://www.pup.cn　　新浪微博：@ 北京大学出版社 |
| 电 子 信 箱 | zyjy@pup.cn |
| 电　　　话 | 邮购部 62752015　发行部 62750672　编辑部 62704142 |
| 印 刷 者 | 三河市博文印刷有限公司 |
| 经 销 者 | 新华书店 |
| | 965 毫米 × 1300 毫米　16 开本　18.75 印张　225 千字 |
| | 2017 年 10 月第 1 版　2017 年 10 月第 1 次印刷 |
| 定　　　价 | 46.00 元 |

# 那天,你站在纽约街头(代序)

那天,你站在纽约街头,怀着小小的热望,比如走过某个小说中的路口;比如注视某个非凡的细节;比如相遇一首多年前的歌;比如陷入一个电影场景,悲喜交集;比如目睹一条路的完结;比如于无尽黄昏之中,于无声处,再见心灵。

这本书就写给你。

游荡,从格林威治村开始。那天,你穿过华盛顿广场,走上麦克杜格尔街,就像1960年冬天的鲍勃·迪伦,走进哇咖啡馆,听一曲《暴雨将至》。之后,你转过几个路口,追赶着一缕琼斯街的伤逝。

那天,午夜了,你的手臂抵着白马酒馆的吧台,有墙上狄兰·托马斯的目光,有某个酒客突然的绝望和抵抗它的遍布这个空间的威士忌。

那天,你先去了狼咖啡馆——苏珊·桑塔格的小馆儿。接着,你来到帕特辛街,在朱娜·巴恩斯的窗下,静默了一会儿。这只是半路,你混入了联合广场的人群,穿过他们,走进帕特酒馆,一个属于欧·亨利的地方。在此,他纵酒,写下了《麦琪的礼物》。

那天，在克里斯朵夫街，你走过消失的奥斯卡·王尔德书店，看了一眼石墙酒吧的红舞鞋。

"我不在乎走哪条路，也不在乎它通向何方。"那天，你读着米莱的诗，走过米莱的家，在樱桃巷剧院看一出戏，经历一次散场。

那天，风和日丽，你来到东村，在奥登描述的焦虑之中走完面目全非的圣马可街。

那天，有雨。你被困在麦克索雷老艾尔啤酒屋和它一百年的故事之中，从总统林肯到诗人康明斯。困在一地的锯末和黏稠的时间的油脂之中。

那天，多云的正午，你在金斯堡热爱的"吉姆斯巴"买一本《村声》，经过"菲尔莫东"（Fillmore East）和 CBGB 两座堂皇的朋克废墟。

那天，你走进《教父》的街，像年轻的罗伯特·德尼罗，走在残酷而火热的人间。在小意大利，你看见一支蜡烛在圣血教堂点燃，你听到有人在桑树街上说："我会给他一个无法拒绝的条件。"

那天，你发现苏荷寡淡的店铺并没有说服力，失望地跨过运河街来到翠贝卡，在遇见的第一个电影院看了一场《蓝色茉莉》。

那天，另一场雨下在西 23 街，淋湿了你和切尔西酒店的 250 个房间，曾经属于马克·吐温、托马斯·沃尔夫、平克·弗洛伊德、威廉·德·库宁的房间；属于萨特与波伏娃、弗里达与迭戈·里维拉的房间；柏洛兹写《裸体午餐》的房间，吕克·贝松拍《这个杀手不太冷》的房间……你听说"切尔西从未乏味过，哪怕是在最后一天"。终于，你走上了昏暗盘旋的楼梯。

那天，长日将尽时，你在 192 书店拾起一本掉落的书，在几条街外的小酒馆"彼得·麦克马纳斯"（Peter McManus Café），侍者洗好了一只杯子，它将属于你和夜晚。

那天，你沉溺于百老汇（Broadway）的灯火、粉墨、传说、流言，你沉溺于帝国剧院，沉溺于《悲惨世界》。

那天，无论如何都孤独的时候，你委身于时报广场的人海和灯火通明的绝壁。之后，坐了一班随便的地铁，无论去哪里。

那天，你在史传德书店，喜悦地与时间一起流逝。

那天，故事和第五大道一样长，挑一个一言难尽的、一个叫杜鲁门·卡波特的人，因为你必将走过蒂凡尼（Tiffany & Company），走过广场酒店。

那天，你在"格雷的木瓜"吃完一个热狗，一路向北，在西79街尽头，哈德逊河边喝一杯烈日下的咖啡，之后，从"西区人"（Westsider）二手书店带走一本《孤独及其所创造的》。

"哈勒姆是迷人的。"你在那天的日记里写道。你还写道："来自阿波罗的快乐足以挨过漫漫长夜。"

那天，你去了达科他，因为，1980年的那一天，有人在深夜枪杀了歌手。

还有伍迪·艾伦，他的地带，他生活的上东区。那天，你与他的擦肩而过，正是他惯用的结局。


总之，书里写的是大苹果城里的小馆儿，旧事，湮灭的人，一次眺望，一纸消磨，一点荒唐，一意孤行。

这将是一本没有主语的书，直到那天，你站在纽约街头，并且怀着小小的热望。

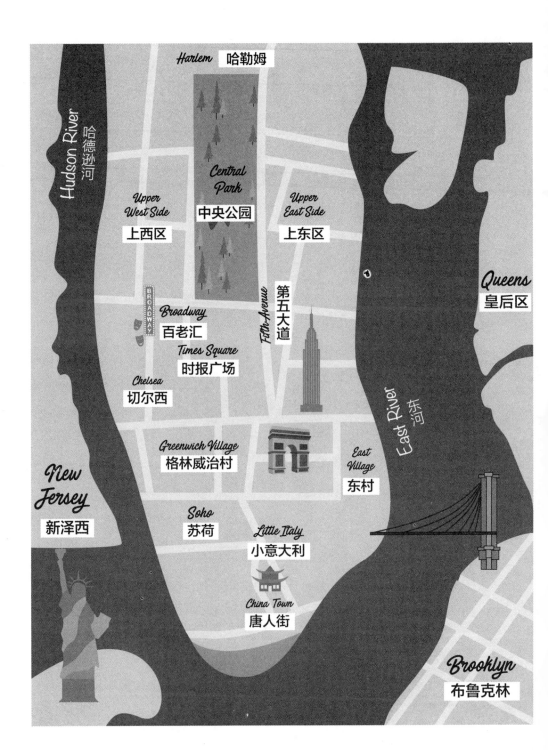

Harlem 哈勒姆

Hudson River 哈德逊河

Central Park 中央公园

Upper West Side 上西区

Upper East Side 上东区

Queens 皇后区

第五大道 Fifth Avenue

Broadway 百老汇

Times Square 时报广场

Chelsea 切尔西

Greenwich Village 格林威治村

East River 东河

East Village 东村

New Jersey 新泽西

Soho 苏荷

Little Italy 小意大利

China Town 唐人街

Brooklyn 布鲁克林

曼哈顿

那天，你站在纽约街头（代序）_001

**曼哈顿 / MANHATTAN** _001

## 下 城

**格林威治村**
**GREENWICH VILLAGE** _003

华盛顿广场一笑 _003
村民鲍勃·迪伦 _012
在白马酒馆 _036
如果没有麦琪的礼物 _048

**东村**
**EAST VILLAGE** _063

如何面对一条消失的街 _063
"麦克索雷"小故事 _074
圣殿必然坍塌 _083
波希米亚城 _097

**小意大利 / 苏荷 / 切尔西**
**LITTLE ITALY/ SOHO/CHELSEA** _112

教父不在桑树街 _112
切尔西的灼伤 _122
书在路上，人在尽头 _135

## 中 城

**百老汇 / 时报广场 / 第五大道**
**BROADWAY THEATER DISTRICT /
TIMES SQUARE / FIFTH AVENUE** _147

倾尽粉墨、戏到荼蘼 _147
帝国心灵 _175

你感觉到来自地铁的风吗？_188
第五大道罪与罚_203

# 上 城

### 上西区／中央公园／上东区
### UPPER WEST SIDE/CENTRAL PARK/UPPER EAST SIDE _222

诗酒西区人_222
阿波罗足以抵挡忧伤_235
达科他的那一天_246
伍迪·艾伦地带_264


外一篇：逃往布鲁克林_280
语录：所谓纽约_290

# 曼哈顿

MANHATTAN

下 城

# 格林威治村
## GREENWICH VILLAGE

## 华盛顿广场一笑

灰狗停在 42 街。

纽约，已是一城花。

铺张、聒噪、孤单，一见如故。

穿过时报广场，穿过春天。

正午，从第五大道向下城走，慢慢安静了。高楼、长路、烈日、影子、车声、人流。建筑庞大笔直，"之"字防火梯，像钉在万丈砖石上的黑色蕾丝。重复，不停。窗子密布，填充着光芒、天色、流云、街对面的另一扇窗、窗里的人。无数幻象。

走过人行道破碎的白色，一些炎热的东西：路口、钟表、镜子、大门、密码锁上的数字。流淌着的出租车的黄色。凡·高，狂妄的笔触，麦地、向日葵。屋顶花园，一棵张望的树，叶子的声音。云端、绝壁、深谷。大风激流繁花。烟的影子。满街的听众。沙子样的话。不明的芬

芳。潜行的仪仗。一条慢慢燃烧的光线。一些漂泊不定的东西。坦白的东西。不洁的事物。粗野匮乏的细节。不可重逢的注视。光浸泡的脚印。一块偶然踢到的石子。遥远的警笛，一针一针缝合着这座城的伤口。星条旗傲慢的红与蓝，纽约，都是醒目的，都是寂寞的。

走向格林威治村。

格林威治村，纽约人昵称"村子"（The Village）。在下城，四条边界，东至百老汇大道，西至哈德逊河，南至休斯敦街，北至14街。

19世纪，格林威治村还是优雅的。许多美好的房子、富足的居民。
诗人、作家来了，村子有了心灵。
这里流逝过伊迪丝·华顿的《纯真年代》。
亨利·詹姆斯的第一声啼哭。
爱伦·坡在沙龙聚会上读着他的《渡鸦》，读着"永远，永远不再"。
欧·亨利走在乱巷子，遇见荷兰式小窗、墙、常春藤和它最后一片叶子。
惠特曼的诗行带着油墨香。
马克·吐温讲着故事，一只《卡拉维拉斯郡著名的跳蛙》。

19世纪末，移民来了。大量的贫困、挣扎，席卷了下城，菌集不去。
耻辱是心照不宣的。村子地价跌了。可，有人喜欢它的破落迷人。那些不能再穷的文艺青年。他们来了，村子的血统混入强烈的波希米亚成分。从此，不可拆分。

1897 年，德莱塞初到纽约，初到村子，住在 25 美分一夜的小旅馆。
3 年后，他发表了第一部小说《嘉莉妹妹》。

1915 年，尤金·奥尼尔来了，他称自己的房间"垃圾公寓"。他沉
溺其中，写《渴》《东航卡迪夫》。他说："无论你跌得多低，直落瓶底，
也总有一个梦会留下，最后的那个。我知道，因为我看见它了。"

1917 年，埃德娜·圣文森特·米莱走进村子，带着绝美的诗和真正
的放荡不羁，无数情事，与男人、与女人。她说："没有我不肯坐的火
车，也不管它往哪儿开。"

走向格林威治村。

第一次世界大战后，一众徘徊巴黎的美国作家，被斯坦因唤作"迷
惘的一代"。其中康明斯、多斯·帕索斯、哈特·克兰在短暂"流放"后，
回到格林威治村，成为 1920 年代重要的文学村民。

1922 年 11 月《日晷》杂志第一次在美国刊登了艾略特的《荒原》。

约翰·多斯·帕索斯在 1925 年写完了《曼哈顿中转站》，被戴·
赫·劳伦斯称为"关于纽约的最好的现代书"。男主角，记者吉米·赫夫
与帕索斯本人一样，就住在村子。

托马斯·沃尔夫于 1923 年年底开始在纽约大学教授英语，住在村中
的阿尔伯特酒店，这段生活就是他的《时间与河流》。

大萧条来了。村子，粉墨荒芜，车马锈了。

可是在街尽头你还是可以遇到激动人心的阿娜伊丝·宁。在帕特辛
街的一个房间里，朱娜·巴恩斯大声寂寞着。

战争来了，战争过去了。

1940 年代末，爱德华·阿尔比搬进村子时只有 20 岁。他做过侍者、唱片销售员、信使，报馆杂工。9 年后，他在公寓厨房晃动的桌子上写了《动物园的故事》。后来，又写了《谁害怕弗吉尼亚·伍尔芙?》

走向格林威治村。

光辉岁月来了。

威廉·柏洛兹、艾伦·金斯堡、杰克·凯鲁亚克、格里高利·柯索来了。

绝对有什么垮掉了，也绝对有什么在建造。

画家来了。杰克逊·波洛克、威廉·德·库宁、马克·罗斯科、弗兰茨·克莱恩，流连在雪松酒馆，痛饮、争吵，孵化着抽象表现主义。

歌者来了。爵士、摇滚、蓝调、乡村、民谣。纳·京·科尔、约翰·柯川、比莉·霍莉戴、艾灵顿公爵、艾拉·菲茨杰拉德，唱着忧伤。

1961 年 1 月，20 岁的鲍勃·迪伦从明尼阿波利斯来到格林威治村。犹如滚石，暴雨将至。

还有，尼尔·扬、吉米·亨德里克斯、史蒂夫·汪达、芭芭拉·史翠珊、贝蒂·米勒、保罗·西蒙和加分科尔、地下丝绒、妮娜·西蒙……

演员来了。

1946 年，马龙·白兰度在纽约学习表演，和一个俄国提琴手合住在一间狭小的公寓里。

1943 年，罗伯特·德尼罗在格林威治村出生，10 岁时，在《绿野仙踪》里扮演狮子。

1963 年，阿尔·帕西诺第一次在小剧场登台，无措得失声痛哭。

还有，比利·克里斯托、坎迪·达琳、丹尼·德维托、摩根·弗里曼、乌比·戈德堡、黛安·莲……

电影来了。

《后窗》，希区柯克把詹姆斯·斯图尔特的公寓设在村子里。

1957 年奥黛丽·赫本出演了歌舞片《甜姐儿》，她的角色就在村中的一家书店工作。10 年后，她在另一部恐怖片《等到天黑》中扮演一个盲女，她的家就在村中的圣卢克斯广场。

2000 年，阿尔·帕西诺拍摄了独立电影《中国咖啡》，场景是格林威治村的 1982 年。

2013 年，科恩兄弟拍了《醉乡民谣》，剧情发生在格林威治村，获了第六十六届戛纳影展评委会大奖。

电视来了。

《老友记》中著名的公寓在这儿。

《欲望都市》中莎拉·杰西卡·帕克的家在这儿。


走向格林威治村。


走向太多非凡的街、房间、小馆儿。

道格拉斯街、贝里克街、琼斯街、帕特辛街、克里斯朵夫街……

在黑兔子酒吧地下室，华莱士夫妇把第一期《读者文摘》寄给读者。

在白马酒馆，狄兰·托马斯已喝下第 18 杯威士忌。

在帕特酒馆，欧·亨利的杯子空了，纸满了，满是《麦琪的礼物》。

在樱桃巷剧院，大幕打开《欢乐时光》，打开萨缪尔·贝克特的荒诞。

在"煤气灯"，鲍伯·迪伦第一次唱起《战争大师》。

在小咖啡馆"哇"，伍迪·艾伦絮叨着单口喜剧。

在小咖啡馆"雷吉奥"，摄影机转动，场记板回声，写着：《教父》。


走向格林威治村。


它是——

家、客栈、床、街头、国度。

有太多——

到来、离去、厮守、终了。

太多辉煌者——

前卫的、另类的、优雅的、不羁的、迷惘的、垮掉的、呼喊的、细语的、聚集的、孤立的、刚唱罢的、才登场的……

还有，我们永远也不会知道的，光芒万丈的无名者。


此时此刻，春天，午后。站在第五大道尽头。没有怜悯的余地，没有柔肠百转的角落。

强烈花粉、植物的味道，以及由此带来的无端的旺盛欲念。

穿过1895年伫立的古典风格的拱门，这象征着，走入了格林威治村，站在华盛顿广场。


这里，原初是一片湿地，后来是坟场，埋葬奴隶和死于黄热病的人。有两万尸骨还在地下。1850年代，这里成为华盛顿广场。

华盛顿广场

　　广场是无条件的空间，民主的，煽动性的，也是暧昧含混的，重要的是，聚集了成群的陌生人和大量孤独。充满慰藉的可能。

　　艺术家热爱这一点。

　　摄影师安德烈·柯特兹曾长久拍摄华盛顿广场的冬天。

　　长椅提供某种程度的稳定，可以安静地与时间一起流逝。1888 年，

罗伯特·路易斯·史蒂文森来美国寻找治疗结核病的药物，他与马克·吐温在其中一张长椅上有一场交谈。

广场也是舞台。1950 年代末，"垮掉的一代"统治了华盛顿广场，他们朗读、争论。

摇滚乐先驱巴迪·霍利无所事事时会来这儿听人们演唱，帮助吉他手调整和弦。

1960 年代，鲍勃·迪伦和一众民谣歌者，在星期天下午聚集于此，弹琴，表演各自的作品，这一经典方式叫作"Hoots"。

广场在电影中。在《当哈利遇到莎莉》《为你痴狂》《超完美谋杀案》《我是传奇》……

广场也是《老友记》反复插入的纽约街景之一。


华盛顿广场西北角，街对面，一幢旧楼，华盛顿广场酒店（Washington Square Hotel）。1902 年开张，那时叫厄尔旅馆（Earle Hotel），是一间收容饥饿艺术家的低等小客栈。1918 年 5 月，18 岁的海明威曾在这儿住过 10 天，身份是志愿者，红十字会的救护车司机，急切盼望着奔赴欧洲前线。1950 年代，狄兰·托马斯和妻子卡特琳入住"厄尔"，他们喜欢这里随意的气氛。他在写给父母的信中形容"厄尔"："就在华盛顿广场，一个美丽的广场……"鲍勃·迪伦在格林威治村最初栖身之地也是厄尔旅馆，房间号 305。琼·贝兹、芭芭拉·史翠珊都在这里住过。

华盛顿广场西南角。铺排着国际象棋桌，被称作曼哈顿的"棋特区"。年轻时代的斯坦利·库布里克常来下棋。1994 年，电影《天生小棋王》在这儿取景。树下，一局棋才开，赌注 3 美金。

徘徊着，骄阳，草地，梧桐，玉兰落了大半，人面桃花。一地粉笔涂鸦。名字、岁月、甜蜜的话、面孔、希望，轻描淡写。有赤裸上身跳舞的人、骑独轮车的卖艺者、静默者、读书的人、情人、衣冠楚楚者、流浪的黑人姑娘。等待、相遇、分手、擦肩而过。水声、琴声、稠密的低语、滑板轰鸣。喷泉边奔跑的潮湿的孩子，半空一缕脆弱彩虹。

每个人对每个人都熟视无睹，都不可或缺。

他们分享着一种迷人的消磨。

一个无所事事的女人，喂鸽子，向某个过客微笑。

雷蒙·费德曼一定也看到了这样的微笑。所以他写了《华盛顿广场一笑》，一本难以卒读的书。在这部实验小说，这个"说是又不是的爱情故事"的开场，男女主角穆瓦诺和苏塞特无端地相遇。他是这样写的："华盛顿广场。没错，那便是他们初次见面的地方。萍水相逢，相视一笑。"

### 🚀 华盛顿广场 *（Washington Square）

---

\* 华盛顿广场：英文中这个广场的名字本身就是地址。

## 村民鲍勃·迪伦

黄昏了，哇咖啡馆（Cafe Wha?）还没有开。门板上，吉米·亨德里克斯的头像表现出丰富的细节。一块小黑板，写：8点。

麦克道格尔街（MacDougal St）的光不属于白天，也不属于夜晚。带着某种告别意味，大量倾倒在人的头发上，在他们的行走之中，在店铺敞开的窗、招牌每个单词的每个字母深处，都是，无比漫长。

麦克道格尔，村子最重要的文艺街道。菌集过最狂妄的酒肆、咖啡馆、夜店、秀场、写小说的人、戏剧人、诗人、画家、歌手，一代一代的浪子。如果你只有一夜，一

"哇"门上的吉米·亨德里克斯头像

定要给这条街。

一行霓虹灯亮了，有什么跨过了边界，有什么降临了。那是一家刺青店："纽约墨水"。

一块屏幕：变幻着头骨、玫瑰、十字，穿透面孔的钉子。几级向下的台阶，通向地下室，几把空椅子，等着客人用疼痛平复另一种疼痛。

多年前，这儿是"煤气灯"（Gas Light），一个卖艺的所在，戏称"篮子房"，演出是不卖票的，散场时，艺人拿着篮子向观众讨要小费。

1958 年，"煤气灯"开张时，金斯堡、柯索一众"垮掉派"诗人在此诵读。之后成为民谣俱乐部。它的隔壁是另一间夜店"壶鱼一锅粥"（Kettle of Fish），演员就来回串场。邻近还有一间书店"民俗中心"（Folklore Center），是圈内音乐人的据点。

"煤气灯"有个古怪地方。因为窗外是公寓的通风井，一鼓掌就扰民，惹来警察。所以，鼓掌是不允许的，观众就以打响指代替。

比尔·科斯比、斯普林斯廷、欧蒂塔都是这儿的歌者。1967 年，亨德里克斯和埃里克·克莱普顿曾一起唱爵士。鲍勃·迪伦的《战争大师》就是在此首唱。

"煤气灯"1971 年关门。1982 年，这儿成为一间叫"报废"的酒吧（The Scrap），是"枪与玫瑰"的聚会所，许多色情明星出没。

2005 年，哥伦比亚公司发行了一张唱片：《"煤气灯"现场 1962》，其中有鲍勃·迪伦早期演唱的 10 首歌。

眼前，没有一点痕迹了。

酒香起时，脂粉夕阳。此刻，麦克道格尔街有一根火柴划着了，"车厢外"（Off the Wagon）酒吧，一杯黑啤的泡沫正在大面积破碎；犹太小

雷吉奥咖啡馆

馆"马蒙"（Mamoun's）一只法拉非（Falafel，油炸鹰嘴豆饼）满得像花园；一旁小薄饼店，一张可丽饼已裹成襁褓……

走进雷吉奥咖啡馆（Caffe Reggio），露台上的女人注视着今天第一千个陌生人。

一间 1927 年的小馆儿，一个旧世界顽固的影子。

暗，土色、蓝色、紫色，纸烟熏过的调子、旧桌、黑白照片、青铜小像、古典油画，隐约老曲子。所有都蒙着一层层时间。

1920 年代初，那个把卡布奇诺引入美国的人，就是"雷吉奥"的第一任老板多米尼克·帕雷西。

从麦克道格尔街散场的歌手都喜欢来这儿喝一杯。鲍勃·迪伦、亨德里克斯、斯普林斯廷……

肯尼迪竞选时曾在"雷吉奥"门口演讲。

"雷吉奥"是许多 1970 年代的电影场景，1971 年的《杀戮战警》、1973 年的《冲突》、1975 年的《下一站，格林威治村》、1976 年的《邻家帅哥》……

1974 年，《教父 II》也曾在"雷吉奥"拍摄。

每张"雷吉奥"的桌子都不一样，石头或者木头，沉着、可靠。不惊不喜。

客人也随馆子，都是旧模样，神色、目光、头发、衣裳颜色、首饰，都搭得起，都是看得见岁月的人。

不能错过的是那台 1902 年造的埃斯派索机，它是帕雷西在开张时买的。之后，一直都在。复杂的雕花装饰，苦涩也是洛可可式的，配得上"一番滋味"这个词。

点一杯双份埃斯派索罗马诺＋杏仁（Double Espresso Romano with Amaretto）。

往日也可以非常浓烈。

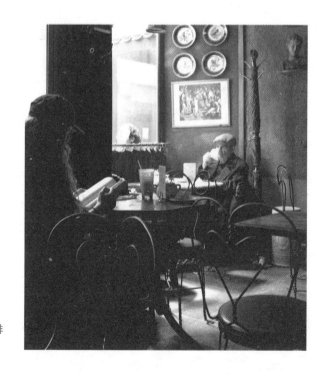

在"雷吉奥"喝咖啡的人

转上布里克街（Bleecker St），一条村子重要的文艺街道。住过摄影师罗伯特·弗兰克，诗人马克·范·多伦。罗伯特·德·尼罗在这条街上长大。它出现在德莱塞小说《老罗格姆和他的特里萨》中，也被德里克·伍尔科特写成诗《布里克街，夏天》。1973年电影《傻瓜大闹科学城》，伍迪·艾伦的小饭馆儿"快乐胡萝卜"就在这条街上。《老友记》也有不少布里克街景。作曲家吉安·卡洛·梅诺蒂为这条街写了著名歌剧《布里克街的圣者》。西蒙与加芬科尔1964年第一张专辑《星期三早晨，3点》，有一首歌叫《布里克街》，有这样的唱词："语声从伤心咖啡馆滴漏／微笑的脸试着去了解／我看见影子触摸它的手／在布里克街……"

也是，灯火混着夕阳。

昔日菌集的夜店已了了。

"结局"（The Bitter End），1961年开始，是纽约城最老的摇滚俱乐部。那时，每周二晚是"民谣之夜"，一众传奇由此诞生。1975年夏天，在踏上"奔雷秀"旅途前，鲍勃·迪伦与帕蒂·史密斯、鲍比·纽沃斯等一起在"结局"登台演出。

"结局"还上演脱口秀和戏剧。伍迪·艾伦、比利·克里斯托、乔·斯图尔特都在此表演单人喜剧。

*50年，一众传奇。*芭芭拉·史翠珊、史提夫·汪达、尼尔·扬、杰克逊·布朗、兰迪·纽曼、肯尼·罗杰斯、诺拉·琼斯、Lady Gaga。

现在，每晚都有现场音乐会。上演摇滚、蓝调、爵士、乡村、另类、嘻哈、放克、诵读音乐、无伴奏合唱等。每周一及隔周的周日是即兴表演时间，面向新人和有天分的歌者。有一句话："在'结局'你永远不知道你将听到什么，他（她）是谁。"

此时，客人还没有来，夜色还不够深。

一直都在的"结局"

"结局"对面，曾是阿哥哥咖啡馆（Café au Go Go）。1964 年开张，拉来一众外百老汇的歌手与对面的"结局"打擂台。这里是感恩而死乐队在纽约的第一个舞台。里奇·海因斯的"蓝色计划"每周在这儿表演。现在，已夷为平地。

路口，路牌：汤普逊街（Thompson St），一代唱片店（Generation Records）依稀的冷光和涅槃乐队《漂白》的歌声。空荡荡的，大量朋克、硬核摇滚老唱片，那一代的。看店的青年带着和海报歌手类似的表情，绝望而不妥协，对着空空荡荡。沉溺一会儿，翻找着，抽出一张雷蒙斯的

"一代"唱片店

《雷蒙斯》，多年前的气息。听一支老歌是怀念，呼吸一张老唱片是重逢。

游荡，跟从偶然与巧合。一次转向车灯、一段不明的香水味、一次他人的眺望、一扇徒然打开的窗。

已是一条短暂的街，名叫"琼斯"（Jones）。

在一个极低的角度，看着镜头中的这条街。

　　1963 年 2 月，一个黄昏。摄影师唐·汉斯坦从一个极低的角度，看着镜头中的琼斯街：光是稀薄的。仿佛纸。一街冰雪。冻住的车轮、脚步，四面八方。强烈的寒冷让一切都缩紧了。有一种无端的怜悯。来自玻璃的反光和太阳沉落时无所不在的玫瑰的联想。黑色防火梯像格威治村洗旧的蕾丝，贫穷而性感。街边，停一辆大众迷你巴士。波希米亚人的马。遥远的浅蓝色，沉着安静，等着随时都会扑面而来的万水千山。

走向照相机的是一个男人和一个女人，非常年轻。男人只穿单衣，只系着最上边两枚扣子，手插在牛仔裤口袋中。鞋子也是薄的。不合时宜的着装表明了某种决心。比如，他必须无视这个季节，必须看起来一意孤行。相反，挽着他左臂的女人穿了厚重的大衣和半长的皮靴，都带着不讨人喜欢的皱褶。他们走向唐·汉斯坦。男人并不看按快门的手，只看路，女人偶尔会看一眼，或者微笑。显然，男人要有更多的镜头经验，他更知道怎么对付照相机，对付那些将看到这些照片的人。

他们这样反复地走了几次。偶尔交谈。男人抽了一支烟，女人头发有点儿乱了。

黄昏太短暂了。摄影师只拍了一卷彩色胶片和几张黑白的。后来，其中一张成为《自由驰骋的鲍勃·迪伦》唱片封面。里面有《答案就在风中飘》和《暴雨将至》。

女人叫苏西·罗图洛，1943 年出生在布鲁克林，意大利裔，父亲是美国共产党员。高中毕业后，她热衷民权和反核运动，与姐姐卡拉一起进入格林威治村的艺术圈子。

1961 年 7 月，在一场河滨教堂举行的民谣音乐会上，苏西第一次与鲍勃相遇。她 17，他 20。

鲍勃·迪伦在他的回忆录中写："从一开始我就无法把目光从她身上移开。她是我从未见过的尤物……遇到她就像走进《天方夜谭》的童话。她的微笑足以点亮一整条街的人群，可爱至极，一种性感，一件罗丹的活的雕像。"

说时，进入镜头的人已不可计数。回家的人，投奔夜色的人。一条太寻常的街，停满令人厌恶的汽车。终于，没有摁下快门。

街尽头是西四街的灯。

走一分钟就是 161 号。辗转睡朋友们的沙发一年，鲍勃·迪伦得到了第一张唱片合约。他租下了这个三楼的两居室公寓。面向街，租金每月 60 美金。

在这儿，他开始与苏西同居。苏西用二手店的家具布置了这个狭小空间，在墙上挂了自己的作品。迪伦做了书架和用来放旧电视的柜子。

鲍勃·迪伦第一个家

这一时期，他录制了第一张唱片《鲍勃·迪伦》。

当迪伦声名日盛时，他们的关系变得紧张。苏西写道："鲍勃充满魅力，他是信标、灯塔，同时也是一个黑洞。我无法持续地给予他需要的支撑和保护，也许是因为我自己也需要这些东西。我不再能应对所有压力、绯闻、真相、谎言。我找到不到一块坚实的领地，我处于流沙之上，非常脆弱。"

1962 年，苏西和母亲一起去了意大利，在佩鲁贾大学学习了 6 个月。这段分离催生了迪伦最好的几首情歌：《别多想了，这没什么》《明天如此漫长》《多余的早晨》。

与苏西在一起的日子对迪伦是重要的。她的政见，她对兰波的诗、对布莱希特的戏剧的热爱，都影响了迪伦的创作。比如，《私人的珍妮》的灵感就是来自一场布莱希特的演出。迪伦对绘画的兴趣也源自苏西。

1963 年，苏西怀孕，之后，堕胎。非法的。他们的裂痕、迪伦与琼·贝兹的绯闻以及来自罗图洛家庭的敌意，一切都指向分开。

分开在 1964 年。

迪伦说："不得不结束了。她在路上转了一个弯，我转了另外一个。"

1967 年，苏西嫁给了一个在联合国工作的电影编导，生有一子，后成为吉他手。苏西以画家身份生活，一生热衷表达不同政见。几十年，极少谈及鲍勃·迪伦。

2005 年，马丁·西科塞斯执导了纪录片《无家可归，鲍勃·迪伦》，讲述歌者从 1961 年到 1967 年的生活。苏西在片中露面。

2008 年，苏西出版了一本书《自由驰骋的岁月：格林威治村 60 代记忆》。

关于迪伦，她说："他的面孔是旧时的，他的迷人是零乱的。"

关于那个时代，她说："在 60 年代，我们使用的语言是质疑、探寻、

反叛，以抵抗整个时代的政治、文化所造就的窒息与压抑，我们所引起的麻烦都不是以市场作为驱动。我们有什么话要说，而不是有什么东西要卖。"

2011 年 2 月 25 日，苏西·罗图洛死于肺癌，67 岁。

关于 1963 年的照片，苏西说："他穿一件很薄的夹克，因为，形象第一。我们的公寓一直很冷，所以我穿了毛衣，此外，我还穿了一件他的大毛衣。之后，我又披了一件大衣。我感觉像一根意大利香肠。每次

拣选唱片的人

看到这张照片，我都在想自己看起来很胖。"

公寓一直黑着，底楼的色情小店叫"井字游戏"，一团粉艳，灯火迷离。

走过几个路口，之后有一条安静小路米奈塔（Minetta St），有一家墨西哥饭馆"潘奇托"，灯火通明。有一个迷茫的客人，守着一杯龙舌兰，看窗外。

在迪伦时代，这里叫"黑色小肥猫"（The Fat Black Pussycat）。

1958 年开张时，它是一间咖啡馆，也是戏院。人们读诗，唱民谣、爵士，喝埃斯派索。

蒂尼·蒂姆、里奇·黑文、谢尔·希尔弗斯坦等一众波希米亚人聚集于此。

如果有人对你说，来，我告诉你答案。他一定在说谎。

1962 年 4 月 16 日。

迪伦从第 4 街转上米耐塔街，看着这个乏善可陈的下午。有冬天留下的不洁的味道，有春天带来的不安。看不见，可也有什么在萌芽，从某些残酷的东西之中。比如吉他，比如手指。

走进"黑色小肥猫"，他要了一杯埃斯派索。穿过几个喝咖啡的人，一些散漫的椅子。他坐在窗边。桌子、纸、笔。一边喝咖啡，一边弹吉他。强烈的液体，瓦解了最后几道屏障。他寻找某些旋律和配得上它们的字句。

他写路、大海、沙子、耳朵，写天空、山、自由、哭泣，写行走、

飞翔、看见、听见。

他反复写：答案、风、飘荡。

反复涂抹。

这样，操作了几个小时。他写完一首歌。他并没有因此平复，他急于唱给什么人听，无论是谁。


鲍勃·迪伦是"黑色小肥猫"的常客，在这儿，他写了《答案就在风中飘》。

"黑色小肥猫"几度易手改名，1972 年，变成"潘奇托"。饭馆老板也曾是"黑色小肥猫"的客人。2006 年，纽约市划定格林威治村为历史名胜区时，"黑色小肥猫"没有被圈入。

可说的是，这么多年，小馆儿原初的名字"The Fat Black Pussycat"一直都在。2011 年，老字号被覆盖了，引起了怀旧者愤怒，说这是"耻辱"。


现时，西 3 街有一间冒名顶替的"黑色小肥猫"，叫了一样名字。可以看现场音乐，另类摇滚、雷鬼、嬉哈和喜剧脱口秀；也可以玩飞标、弹子球。

或是，只在点唱机里选一首老歌，听完它。


迷茫的人走了，桌子上是墨西哥卷饼的碎片和一些残酒，他出门，坚决地消失在夜色中。

走在与他相反的方向。

有些地方，明知一无所有了，可还是想去看看。

回到西 4 街，向东穿行几条街，直到默瑟街（Mercer St）路口。

面对一个沉闷的建筑，不明的光：希伯来联合学院（Hebrew Union College），一间犹太宗教学院。

多年前，这里属于音乐。

葛德民谣城（Gerde's Folk City），一座消失的城。

原葛德民谣城外

1960 年 1 月，意大利人麦克·波尔科创造了"葛德"并迅速让它成为民谣复兴运动的中心。

滚石排行榜将葛德民谣城、甲壳虫乐队被发现的深洞俱乐部（The Cavern Club）、东村的朋克音乐诞生地 CBGB 称为三个最好的音乐场。

辉煌时，"葛德"群集了世界级音乐人。皮特·西格、约翰·丹佛、珍妮丝·贾普林、亨德里克斯、帕蒂·史密斯、妈妈与爸爸合唱团、飞鸟乐队……

保罗·西蒙和加分科尔最早登台就在"葛德"，彼得、保罗和玛丽的三人组合第一次亮相也是在这儿。1980 年代，"葛德"末期，也有艾尔维斯·卡斯提洛、"音速青春"、"一万个疯子"这样的另类歌手和乐队涌现。

与"葛德"最有渊源的还是鲍勃·迪伦。1961 年，他签署第一张《演出许可证》时，请老板波尔科作为自己的法定监护人。在自传中，迪伦称波尔科是"我从未有过的西西里父亲"。那年 4 月 11 日，迪伦在"葛德"登台，这是他的第一次职业音乐会，助场是黑人蓝调歌者约翰·李·胡克。也是那年，9 月 29 日，迪伦的表演得到《纽约时报》记者罗伯特·谢尔顿的关注，这篇报道直接使哥伦比亚唱片公司与迪伦签了一纸合约。签在那年 10 月，为期 5 年。1962 年，迪伦的第一张唱片《鲍勃·迪伦》发行。

回到 1962 年 4 月 16 日。迪伦离开"黑色小肥猫"之后，来到了葛德民谣城，晚上，他第一次唱了《答案就在风中飘》。

6 月，这首歌在民谣杂志《唱出来！》（*Sing out!*）发表，配了迪伦的评论，他说：

有太多的知情者要告诉我答案在哪儿，但我并不相信。我还会说，答案就在风中就像一张飘着的纸片并将落在什么地方……唯一的问题是没有人可以拾起它……而它又飞走了。

这首歌被描述成 1960 年代美国民权运动的主题曲。

许多年，翻唱无数。

电影《阿甘正传》中，珍妮在一家脱衣舞俱乐部，赤裸着弹吉他唱的就是这首歌，配乐版本是 1976 年琼·贝兹的现场录音。

而"葛德"就是鲍勃·迪伦相遇琼·贝兹的地方。

"我生为天才。"琼·贝兹回忆录《歌唱之声》（*And a voice to sing with*）的第一句话。

贝兹 1941 年 1 月生在斯塔腾岛，父亲是物理学家，母亲有贵族血统。

童年开始弹四弦琴，喜欢节奏布鲁斯，13 岁爱上民谣，之后买了第一把吉他。1958 年，17 岁就在波士顿举行音乐会。19 岁录制第一张唱片《琼·贝兹》，被称为正在升起的"民谣女王"。1961 年，在"葛德"，琼·贝兹初见迪伦。她对他并没有多余的兴趣，只是喜欢他写的《给伍迪的歌》。而迪伦更倾心贝兹的妹妹"米米"。但他们还是没能绕开对方，在一起了。

1963 年起，琼·贝兹和迪伦一起巡回演出。那年 8 月 28 日，他们参加了著名的民权运动"向华盛顿进军"，唱了两首歌：《游戏中的棋子》和《夺标》。马丁·路德·金发表了演讲《我有一个梦想》。之后两年，他们分分合合。

1965 年，迪伦去英国巡演，这段情也就不了了之。

直到 10 年后，琼·贝兹作为歌手参与了迪伦的滚雷演唱，那时迪

伦早已与萨拉结婚。

同样，贝兹在 2005 年西科塞斯的纪录片《无家可归》中谈论了她与迪伦的关系。琼·贝兹写过三首关于迪伦的歌，最著名是那首《钻石与铁锈》："我们都明白回忆能够带给我们的／它们给了我们钻石与铁锈。"

1967 年，琼·贝兹因和平示威被捕。在关押期间结识了身为记者的和平主义者大卫·哈里斯，次年结婚，生有一子加布里埃尔。1972 年离婚。

1983 年，琼·贝兹在格莱美奖上露面，并演唱了《答案就在风中飘》，离她第一次演唱这首歌整 20 年。

1980 年代，贝兹曾与乔布斯有一段恋情。乔布斯甚至考虑向贝兹求婚。在贝兹 1987 年的回忆录中，她曾提及乔布斯。乔布斯死前不久还去看过贝兹。贝兹后来在 2011 年乔布斯的追思会上演唱。

贝兹出过 30 张专辑。

她是一个人权与政治活动者。马丁·路德·金的民权运动、反越战、反死刑，支持同性恋人权、环境保护，反伊拉克战争、反贫困，2008 年美国大选、占领华尔街……她出现在几乎所有重要的美国当代历史事件中。

她说："社会公义是我生活的真正核心，远远大于音乐。"


在砖石包裹的虚无中，没有往事的位置。纽约，不知怀念，不爱旧人。这是骨子里的。

换一些新路游荡，走不相识的街，穿过没人知道的故事。第二次相遇麦克道格尔街。

经过，92－94 号，鲍勃·迪伦在格林威治村的最后地址。

橘色灯下，绿色门口。

雪莉·玛琳·诺金斯基，1939 年 10 月 28 日生于特拉华州的维明顿。父母是东欧犹太人。20 岁来到纽约，美貌是唯一的行李，唯一的通行证。她迅速嫁给一名摄影师，改名萨拉，住进中城的大房子，成为《哈泼时尚》的模特。1961 年，她生了一个女儿。萨拉开着丈夫送的 MG 跑车进入格林威治村，遇到鲍勃·迪伦是在所难免的。

他们都带着不可救药的东西，陷入爱情，时间是 1964 年年底。为迪伦写传记的人这样形容萨拉，她"有一种吉卜赛人的气质，超越年龄的精明、熟悉魔法、民俗和传统智慧"。

1965 年 11 月，在迪伦第一次美国巡演期间，他们结婚了。萨拉怀着他们的第一个孩子。婚礼在长岛法官办公室外一棵橡树下举行，简单隐秘。迪伦曾一度否认。

之后，他们搬去了上纽约州的伍德斯托克，过着家庭生活，生了三个孩子：杰西、安娜、萨缪尔。

由于缺乏隐私，1969 年秋天，迪伦一家搬回村子，买下这幢房子。那年 12 月，他们的儿子雅各布出生。长大后，他成了摇滚乐手——墙花乐队（The Wallflowers）主唱。

在这个居所，迪伦为他的专辑《自画像》《新早晨》写歌。

贫穷和自在都一去不返了。人们只对被遮蔽的东西感兴趣，比如隐私。忍无可忍的是，有个叫韦伯曼的人长期翻找、收集迪伦家的垃圾。终于有一天，迪伦当街将此人痛打一顿。于是，他们决定离开。1973 年，迪伦一家人搬到北加州，在马里布海滩造了新房子。

面朝大海，春暖花开，也可以不幸福。1974 年，迪伦开始在纽约学习绘画，这是问题的引信。他说："从那天起，我的妻子从来没有理解过我。这是我们婚姻开始破碎的时候。她从不知道我在说什么，我在想什

么，而我甚至无法解释。"

虽然如此，在一种紧张氛围之中，1975 年，萨拉还是陪着迪伦开始了"滚雷"音乐会。这场音乐旅行也是迪伦执导的电影《雷纳多与克拉拉》的现实背景，萨拉就是克拉拉，琼·贝兹是那个"白衣女人"。

到此为止了。

1977 年，他们离婚。迪伦付出了价值 3600 万的代价。条件是，萨拉要对他们曾经的生活保持沉默。

1976 年专辑《欲望》中有首歌叫《萨拉》，迪伦写给妻子以及所有的无法挽回。

有美好的地方："在葡萄牙小酒吧喝白朗姆酒"或是"在滨海萨瓦纳的集市"，有美好的形容："冬天里的雪上月光"或是"夏天里的一池睡莲"。

无法挽回，即使唱着"请不要轻言别离，永远，永远"。


7 点 59 分。夜色淹没了麦克道格尔街一切不必要的细节。天空、街、店铺、霓虹、人群、酒吧，混为一谈，刺痛了什么，松动了什么。在街角，哇咖啡馆像一堂布景，灯下黑人保安身形庞大，安静、克制。乐队演出是免费的，可你要买酒。

一行台阶，一行黑白海报，旧的。狭长的空间，暗紫调子，密集的桌子，侍者一支支点亮蜡烛。散落了三五名客人，几杯淡酒。一块明亮的银幕，两只麦克风，舞台还空着。


哇咖啡馆始自 1959 年。金斯堡喜欢在这儿喝鸡尾酒。

1966 年，英国摇滚乐队"动物"的贝斯手查斯·钱德勒在"哇"遇

哇咖啡馆

到了吉米·亨德里克斯，惊为天人，说服后者到英国发展，并最终成为一个时代的吉他先锋。

布鲁斯·斯普林斯廷、"地下丝绒"也都是"哇"的歌者。

年轻的伍迪·艾伦在这儿表演单人喜剧。

唱最后一首歌的时候，青年感到了灼热。他的手指、琴弦、身体中所有的激流。他并不喜欢感人肺腑的方式，但灼热是不一样的。它来自比这个房间还要昏暗的人们。或者这几支纸烟的反复无常的明灭，某种

类似疼痛的东西。来自烟雾的黏稠，让每个人都丧失边界，每句话都走
不远。来自酒和越来越多空杯子的回声。那是一首别人的歌。一首歌而
已。门打开了，二月的寒风，一个男人进来，像一只走投无路的昆虫。
他要了一杯酒，一饮而尽，听完了剩下的歌。接着，他身上的冬天突然
崩塌了。青年有短暂的静默。也许，没有人因为这个夜晚而改变，至少
他们还可以继续成为自己。另外，他并不想取悦他们，可是，在那些几
乎一无所有的目光
中，他看见了一种
不明确的幸福。

　　他是一个来自
明尼苏达的精子，
在纽约的子宫里，
狂妄地想进入点
儿什么，孕育点儿
什么。

"哇"的洗手间

1961 年 1 月 24 日是极冷的一天，鲍勃·迪伦来到纽约，来到格林威治村。他找到哇咖啡馆，老板让他在当晚"乡村音乐"时间翻唱了几首伍迪·格思里的歌。唱完后，他去索要报酬，得到了 5 美金。

1968 年，"哇"易手，改为一家专注以色列及中东音乐的小馆儿。1987 年，再度易手，恢复了"哇"的名字。

是时候了。客人不少，像是填补着黑暗的紫色人偶。

弦声。一众歌手上了舞台。乐队就叫"咖啡哇"，1987 年开始，成员更替，一直演出，不同的音乐，灵魂、雷鬼、节奏布鲁斯、另类摇滚。他们声称是"纽约最牛的乐队"。

晚上 9 点半，第一首歌：《帝国心灵》。

"呜……纽约，呜……纽约 / 在一座到处是电影场景的城长大 / 永远喧嚣，警笛声无所不在，街是刻薄的……"黑人女歌手金·萨默森喷射状的声音让所有处于边缘情绪的人彻底陷落。

一支一支。歌者听者，水乳交融。

一种经久不息的情感，一种欢娱。

一支美好的乐队，更像是时代的纪念物，像贴在墙上、厕所镜子上的鲍勃·迪伦、吉米·亨德里克斯以及其他人。可是，时代已经走了。

忘了是怎么完结的，但记得随之而来的空白。

回到麦克道格尔街。真正的深夜。

1962 年，鲍勃·迪伦第一张唱片第二首歌《谈谈纽约》，讲述了他的到来，冬天的寒冷，格林威治村的咖啡馆，贫穷、孤立，从乡村进入

墙画：1960 年代的歌手

城市的艰难。记得两句词："很多人的桌子上并没有什么食物，但是他们

有很多刀叉，并且他们得切开什么。"

### 华盛顿广场酒店（Washington Square Hotel）
103 Waverly Place

**哇咖啡馆（Cafe Wha?）**

115 MacDougal St（在 Bleecker 与 W 3rd St 之间）


**煤气灯咖啡馆（The Gaslight Café）旧址**

116 MacDougal St


**雷吉奥咖啡馆（Caffe Reggio）**

119 MacDougal St


**结局（The Bitter End）**

147 Bleecker St


**黑色小肥猫（The Fat Black Pussycat）旧址**

11–13 Minetta St
（新）"黑色小肥猫"
130 W 3rd St


**葛德民谣城（Gerde's Folk City）旧址**

11 W 4th St


**鲍勃·迪伦 1961 年公寓**

161 W 4th st


**鲍勃·迪伦 1969 年公寓**

92–94 MacDougal St

## 在白马酒馆

跟从侍者穿行米奈塔酒馆（Minetta Traven）。

逼仄、嘈杂、陈旧，弥漫着老会所特有的混乱气质。木头吧台漫长而滞重，如此，才撑得住所有的沉醉。酒一望无际，每只瓶子表面都流淌着这个空间的复杂幻象：食客、高谈阔论、低语、灯、刀叉、乐声、肉香、油脂、黑白格子瓷砖、椅背的绛紫色皮子、锡制天花板。无论如何，小馆儿有一种剥夺不了的迷人。

拣一个角落坐下，点了招牌汉堡，名为"黑色标签"。

禁酒时期，这儿是一间地下酒吧："黑兔子"。往来文艺客人：约翰·多斯·帕索斯、尤金·奥尼尔。

米奈塔酒馆

　　"黑兔子"把地下室租给了一对夫妇：德温特·华莱士和莉拉·华莱士。他们向亲友借钱，1922 年 2 月，编辑出版了第一期《读者文摘》。印数：5000，定价：25 美分。杂志从印刷厂送来时，华莱士雇了酒吧的女招待一本一本包裹，并写上地址，邮寄给 1500 个订户。1922 年年底，华莱士夫妇离开格林威治村。1935 年，《读者文摘》的发行量已达 100 万册。酒馆的厨房就是那时的编辑部。

　　1937 年，米奈塔酒馆开张。海明威、菲茨杰拉德、庞德、康明斯、狄兰·托马斯，流连于此。

　　流年轻过。

"米奈塔"的吧台

"黑色标签"昂贵、美味。作为一只汉堡，好不过如此了。

出门，回到街上，麦克道格尔，一条可以喋喋不休的街。

就在那个波希米亚打扮的姑娘消失的路口，一间意大利小馆儿：La Pasta Bistro Grill，昏暗着。

1925 年，它叫"圣雷莫"（San Remo Café），是文艺小馆儿。诗人威斯坦·休·奥登、狄兰·托马斯、画家杰克逊·波洛克、爵士音乐家麦尔斯·戴维斯三世、剧作家田纳西·威廉斯，还有一众"垮掉派"作家，金斯堡、凯鲁亚克、柏洛兹……

这里是格林威治村真正重要的文艺据点。

凯鲁亚克在小说《地下人》形容小馆儿里的人"嬉皮而不油滑，智慧而不老套，他们聪明得要死，知道关于庞德的一切而不做作或是说得太多。他们非常安静，他们非常像基督"。

现在，墙上只钉着一块牌子，简单写着过往，浸泡在夜里。


看一把灯火，满街糖果。窗子亮了，窗子黑了。孤独的遛狗者、角落打鼓的少年、大笑出门的酒客、车轮呼声、花香、轻微腐坏的味道、几缕正在浮现的情欲。有一棵开到尽头的桃树，风过，一地浓烈胭脂。

游荡，到贝特福德街。

一处毫无诗意的房子，另一个沉没的地方——查姆列酒吧（Chumley's）。

1830 年，这儿是一间铁匠铺。美国内战期间，逃跑的黑奴栖身于此，极左人物也在此聚集。

此后是作家委身的小馆儿。薇拉·凯瑟、康明斯、德莱塞、福克纳、尤金·奥尼尔、多斯·帕索斯、斯坦贝克……

2007 年 4 月，壁炉倒了，"查姆列"从此停业，一去不返了。

下一个路口。

贝特福德街与格罗夫街（Grove）转角，一幢公寓楼，石墙、大窗、黑色"之"字防火梯上，有人点燃了一支烟。如此熟悉，因为它是《老友记》中反复切入的外景，是瑞秋、莫妮卡、菲比、乔伊、钱德勒、罗斯的家。他们也是格林威治村民。当初，这部戏有一版工作脚本，剧名叫《西村往事》。而菲比的公寓就在三条街外的摩顿街（Morton St）5 号。

剧中，作为据点的咖啡馆"Central Perk"是没有的。现实中，公寓楼下有一间红色小馆儿"小猫头鹰"（The Little Owl），散落着一些爱屋及乌的人，在烛光下，带着入戏的神情，寻找那个也并不存在的橙色沙发。所以，虚构是最大的真实。心向往之的。小馆儿被《好胃口》杂志描述为"一个

《老友记》公寓

小饭馆儿……就在街角"。最有名的是"肉丸"。

倚在吧台喝一杯摩卡，恍惚听见乔伊的声音："How're you doing?"

一切烟消云散。


贝特福街完结了，转上格林威治街（Greenwich St），向北，走几个街区就到班克街（Bank St），一条寻常巷陌，文艺居所。9 号，1913 年到 1927 年住过薇拉·凯瑟；11 号，1924 年时是约翰·多斯·帕索斯写《曼哈顿中转站》的地方。1985 年，"恐怖海峡"主唱马克·诺弗勒买下 36 号。1979 年 2 月 2 日，"性手枪"的贝斯手席德·维瑟斯因吸毒过量死在 63 号。劳伦·白考尔 17 岁时，曾住在 75 号。1968 年帕尔·贝利搬入 109 号……


"我应该生在纽约，我应该生在格林威治村，我属于那里。"

约翰·列侬说的。

1970 年，甲壳虫乐队解散。

1971 年，列侬和小野洋子从英国来到纽约。10 月底，搬入了格林威治村，面前的班克街 105 号。

"站在街角／只有我与小野洋子……"

约翰·列侬唱的。

这个街角。

公寓有两个大卧室，明亮的天窗，锻铁楼梯通向小的屋顶花园。

那时，列侬刚发行了专辑《想象》。他们热衷于政治与和平运动。组织音乐会宣传政见。公寓菌集着访客，其中既有金斯堡也有黑豹党的头目。

在村子的日子并不快乐。

1972 年，尼克松当局针对列侬的反战和反政府行为，采取了所谓的"战备反击方案"，试图将列侬驱逐出境。公寓也在联邦调查局（FBI）的监视之下。

列侬心灰意冷，一度沉于海洛因。尼克松再度当选之夜，绝望之下，列侬在朋友的聚会上与一个陌生的女人做爱，声音之大让隔壁的客人都听到，包括洋子。

那一年，他们还遭遇了一次抢劫。

1973 年 2 月，列侬与洋子搬往了上西区的达科他。

几级台阶、黑门、橘色灯、树、风声、往事而已。

向南折回一条街，西 11 街，307 号是一处靠近路口的公寓。1950 年代，杰克·凯鲁亚克曾住在这儿，修改他的《在路上》。一个饮者的选择。

出门，向左，走一分钟，就是白马酒馆（White Horse Traven）。

话音未落时，就到了。

在哈德逊街与西 11 街的边界，漫长尖锐的角度中，黑白门面，强烈灯火霓虹。狭长的露台，像泼溅的发光的句子，盛满纵酒的人。

"从前有一间小酒馆——"

这是吉恩·拉斯金的歌《过去的好日子》第一句，唱的就是"白马"。

1880 年时，它只是个码头小酒吧。1950 年代初，每个星期日的下午，以诺曼·梅勒为中心的一众人就在"白马"聚集。梅勒的理由是，如果你请人到家里就很难把他们请走。而"白马"是不错的所在，有愉快的氛围，属于地道的"村子"。《村声》周报的办公室就在几个街区外，

白马酒馆

编辑们就在这儿讨论稿子。诗人狄兰·托马斯、德尔莫·施瓦茨，歌手鲍勃·迪伦、吉姆·莫里森来此喝酒消磨时间。凯鲁亚克自是常客，醉了，也不止一次被踢出门外，更有人在厕所墙上涂写了"回家吧，凯鲁亚克！"

昏暗、地面马赛克的细碎、墙模糊的界限、锡顶天花板的不平坦、吧台木头的磨蚀、足够铺张的酒和瓶子的光影、恰到好处。酒馆要小，才有张力，在酒客之间，在酒客与空间之间，才能挤压出什么。此时，酒保还是不动声色。吧凳上酒客不满，低语稀薄。他们绝不是诗人。

　　我的生日始于水／鸟和展翅的树木之鸟飞翔我的名字／在农庄和
白马之上／我起身／在多雨之秋／在我所有日子的阵雨中外出……

　　1953年10月20日，狄兰·托马斯来到纽约。第四次，也是最后一次。

　　他病了。还在英国时，狄兰就有胸疼与痛风的症状。出发前，也曾
两次昏厥。他戴一个呼吸器帮助呼吸，情绪忧郁。

　　他是来读诗的——《牛奶树下》。组织者是美国诗人，希伯来青年男
女协会"诗中心"（Poetry Center）主任博瑞宁。

　　这一年春天，博瑞宁的助理丽兹·赖特尔与狄兰有过三周情史。在
肯尼迪机场，她见到狄兰，震惊不已。"他看起来苍白、脆弱、颤抖，没
有了往日的健壮。"狄兰告诉她，这个星期坏透了，还有，他非常想她，

"白马"的酒保

想和她做爱。这是一种让丽兹充满疑虑的关系，不过，她照做了，共度了一天一夜。在切尔西酒店。

狄兰第一次排演了《牛奶树下》，之后，他们来了"白马"。纵酒。

第二天，他们出去逛，狄兰感觉不好，就回了切尔西，一下午在床上。丽兹给他吃了苯巴比妥，陪他度过一整夜。

10月23日晚。一个叫费尔德斯坦的医生给狄兰注射了两针，之后，他坚持完成了两场《牛奶树下》的诵读。但，马上就瘫倒了。

10月27日晚。狄兰参加了他39岁生日会。一个小时后，他感到强烈的不适，回到切尔西。转天，在"16电影院"（Cinema 16），狄兰去了题为"诗与电影"的研讨会，到场者有阿瑟·米勒和实验电影导演玛雅·黛伦。

1953年11月，纽约城经历了一次严重雾霾，到月底有200人死于相关疾病。

坏天气让狄兰胸疼加剧。

11月3日，他一整天在床上喝酒。晚上，他又去了两个酒局。回到切尔西后，狄兰在深夜2点再次出门，来到"白马"继续喝。


深夜2点，总是惊心动魄的。对此，酒保深信不疑。

这个反复到来的威尔士诗人，这个庞大虚弱的孩子。在吧台上，以告解的姿态举杯，切近那个他想通向的地方。一次一次，绝不气馁。

有什么东西凌驾了这个时刻。

他的杯在夯击桌子，他的纸烟上空飘着花朵、血、流沙、热望，浸染它们的光，有附着在水晶烟缸上虚假的星星，无法判断方向的嘀嗒声，他人的呼吸、静默，所有表明时间已流逝的瓶子，凋谢的情欲、幻觉，某些词一边挣扎一边败坏着，一只橙子正在剥开黑暗，灰烬连成道路⋯⋯

这个空间，玫瑰烧着了。

都是失效的边界。

无能为力。

第 17 杯。

在诗人对面，镜子中有正在碎裂的布娃娃，也有难以察觉的破晓时分。

凌晨 3 点 30 分。狄兰离开白马，回到切尔西酒店。

他对丽兹说："我喝了 18 杯威士忌，我想这是一个纪录。"

酒馆儿纵深有另一个房间，开阔松弛些，如果吧台边适于纵情，这里就适于沉沦。比如窗边的青年，他的神色、姿态、围巾裹缠的方式、身上沾染的夜光，都配合着这个房间的趣味。想明白了所有事，又绝对地无能为力。所以喝酒。他的将干未干的杯子上方，挂着大张的狄兰画像，无论你站在什么角度，诗人都将直视着你，惊奇、激昂、天真。

11 月 4 日，狄兰取消了一个在新泽西的活动。之后，他与丽兹又去了"白马"，再度不适，返回酒店。那天，费尔德斯坦医生来了三次，注射了不同药物，最后，注射了吗啡。

11 月 5 日午夜，狄兰呼吸艰难，面孔变蓝。1 点 58 分，狄兰被救护车送进圣文森医院急诊室。他陷入昏迷，医疗记录写："酒精中毒引起大脑损伤，病人无反应。"医生切开了他的气管。次日，狄兰的妻子卡特琳

写作的青年与狄兰·托马斯像

飞到纽约。到医院后，她的第一句话是："那个浑身是血的男人死了吗？"
她极度愤怒，扬言要杀死这次美国之行的始作俑者博瑞宁。她完全失控
了，被强行穿上拘束衣，送往长岛一家精神病院。

　　11 月 9 日中午，狄兰·托马斯死了。

　　尸检表明，致死原因有三个：肺炎、脑水肿、脂肪肝。狄兰是喝死
的。但他并没有肝硬化症状。据"白马"老板和侍者说，狄兰那天最多
喝了他吹嘘的一半。

　　谁杀死了狄兰·托马斯？背负骂名的是：博瑞宁、丽兹·赖特尔、费
尔德斯坦。其中，费尔德斯坦的误诊、大剂量吗啡的使用都受到多方指责。

　　狄兰的遗体被送回威尔士，葬于拉恩（Laugharne）乡村墓园。

卡特琳死于 1994 年，葬在狄兰旁边。她在自传中描述了纵酒对于诗，对于他们关系的毁灭性影响。"我们的故事是关于酒，而不是爱。我们唯一的真爱是酒。酒吧是我们的祭坛。"

点了传说中的威士忌和欲罢不能。一饮而尽时，午夜刚过。

这是我去天堂的／第三十年，站在夏日正午／而下面的小镇铺满树／十月的血／噢，愿我心中的真理／仍在这／转变之年的高山上被歌唱。

☞ **米奈塔酒馆（Minetta Traven）**
  113 MacDougal St

☞ **圣雷莫咖啡馆（San Remo Cafe）旧址**
  93 MacDougal St

☞ **查列姆酒吧（Chumley's）旧址**
  86 Bedford St

☞ **《老友记》公寓**
  Bedford St 与 Grove St 转角

☞ **列侬旧居**
  105 Bank St

☞ **凯鲁亚克旧居**
  307 W  11th St

☞ **白马酒馆（White Horse Tavern）**
  567 Hudson St

# 如果没有麦琪的礼物

人群中显现的容颜／潮湿的黑色树枝的花瓣。

地铁，一号线，西 14 街站。正如庞德的诗。

就在格林威治村的北缘。阴天，抵挡了这个高歌猛进的季节。不见影子不见花。

游荡，走上西 13 街，152 号的大门是一种褪色的胭脂红。1899 年的建筑，百年前，这是先锋文艺杂志《日晷》所在地。1920 年代，它凝聚着一众文人，庞德、朱娜·巴恩斯、哈特·克莱恩、约瑟夫·康明斯，也刊登凡·高、雷诺阿、马蒂斯、欧姬芙的画作。1922 年 11 月，《日晷》第一次在美国发表了艾略特的《荒原》。

向西，走两分钟。

一间咖啡馆："狼"，法语名字"Café Loup"，小门面，蓝色。招牌别致，手影之下，圆月狼首。

一个敞开的大房间，黑白底色，灯的暖调子。错落了一墙照片。吧台朴素极了。没有过多的戏剧性和噱头。某种简单克制。

《巴黎评论》主编洛林·斯坦因说："一个作家消磨的去处，这儿是我所知道的最有旧时做派的地方。"

事实也是。作家、学者、编辑来了几十年。保罗·奥斯特、苏

狼咖啡馆

珊·桑塔格。特别是，"狼"对于苏珊·桑塔格就如同"花神"对于萨特。

直到今天，客人多带着某种来自知识的烙印，低声絮语，高谈阔论。

临桌的女人点了蜗牛、法式双炸薯条配第戎蛋黄酱，一个人吃。

在吧台边，喝一杯店家自制的鸡尾酒，唤作"圣日耳曼"的，为这个低回的午后。

从第六大道向南，倒数至西 10 街。

有一条小径，小到只许擦身而过。帕特辛街（Patchin Place）是一条死胡同。短暂、寂静，有明确的尽头。只有 10 座房子，都建筑于 1848 年。此后，它们成了文艺居所。

欧·亨利、约翰·曼斯菲尔德、庞德、德莱塞、马龙·白兰度……

黑铁栅栏，小门开着，无人问，大树、丁香、石路、白窗格子、10个号码。

目睹了十月革命之后，1918 年，约翰·里德从俄国回到纽约，住在一号公寓，写了《震撼世界的十天》。

1923 年，诗人康明斯搬入 4 号，住了 40 年，到死。

朱娜·巴恩斯是 1941 年搬来的，住在 5 号的一间小公寓。遗世独立，极少出门。康明斯总会从自家窗子向外喊"朱娜，你还活着吗?"她活着，在此也住了 40 年，到死。

一分钟可以走完的地方，却可以住一生。

帕特辛街从没有改变过。还有 19 世纪的煤气灯，是纽约仅剩的两处之一，也是唯一可以点亮的街。最后一盏，在街尽处，倚墙静立，像等着什么人。


之后一段路，都沾染着帕特辛的寂静。屋宇的质地、天空的枪械色、车窗上的花影，还有这幢 1850 年代的希腊复古式房子，它的柱式、门灯、台阶、故事。

西 10 街 14 号，绰号"死屋"，是纽约一处灵异之地，据说前后有鬼魂 22 个。马克·吐温 1900 年搬来，只住了 1 年。1930 年代，一对母女声称在窗边见到马克·吐温，他说："我的名字是克莱芒斯，我在这儿有一个问题需要解决。"接着，就消失了。

一听，一笑吧。


穿过第五大道，西 10 街改名东 10 街。纽约的东、西都是以这条大

帕特辛街

道为界的。下一个路口，大学街（University Place）东南角，一幢恢宏而陈旧的大楼，并不清澈的玻璃，极小的门，旁边，一树梨花。

"在阿尔伯特饭店的酒吧见我。"

一句台词，希区柯克1954年电影《后窗》，詹姆斯·斯图尔特对凶手雷蒙·布尔说。

面前就是。

阿尔伯特饭店（Hotel Albert），1887年开张，从此就是格林威治村的文化符号。来了无数作家、艺术家。客人名单极其漫长：路易斯·史蒂

文森、马克·吐温、惠特曼、霍顿·福特、福克纳、尤金·奥尼尔、阿娜伊丝·宁、罗伯特·洛威尔、萨尔瓦多·达利、杰克逊·波洛克、马塞尔·杜尚、艾莎朵拉·邓肯、安迪·沃霍尔、吉姆·莫里森……

马克·吐温在这儿讲座。诗人哈特·克莱恩在他的房间里写《大桥》。它是托马斯·沃尔夫《时间与河流》中"利奥波德酒店"的原型。妈妈与爸爸合唱团在阿尔伯特写了歌《加州梦想》。《阿甘正传》中，阿甘在越南的大雨中给珍妮写信，背景音乐就是这首歌；《重庆森林》中，王菲也哼着它的旋律。

"树叶变黄，天空灰暗，我散着步，在一个冬日里……"


大学街很短，向北完结在联合广场。商铺、饭馆的主顾多是纽约大学的学生。

雪松酒馆（Cedar Tavern）就沉没在这条街上，缓慢而彻底。没有挽回的余地。

1866 年开张，"雪松"是个小馆儿。便宜、清静了几十年。

1950 年代，画家来了。杰克逊·波洛克、威廉·德·库宁、马克·罗斯科、弗兰茨·克莱恩等一群画家流连于此。于是，"雪松"成了抽象表现主义运动的重要孵化器。

"垮掉派"也染指小馆儿。金斯堡、凯鲁亚克、柯索一班人马。诗人奥哈拉说："我们的时间，一半在作家酒吧'圣雷莫'，一半在画家酒吧'雪松'。在'圣雷莫'，我们争吵和传递流言，在'雪松'，我们一边听画家们争吵和传递流言，一边写诗。"

他们也在"雪松"打架，有时口角，有时动手。

一次，波洛克因为把厕所门从铰链上扯下来掷向屋里的弗兰茨·克莱恩，被赶了出去，不许再来。同样不受欢迎的还有凯鲁亚克，他向烟灰缸里小便。

鲍勃·迪伦和彭尼贝克、鲍勃·纽沃斯在此见面策划拍摄《别回头》。

"雪松"有两个地址，24 号和 82 号，刚走过的，都是公寓和店铺。

刚走过的，都是汹涌的青春。


街尽了，徒然，身陷联合广场的"绿色市场"。棚亭菌集，浓重的烟火世相，浮生若梦。穿过一些苹果、樱桃、蓝莓、覆盆子和结了浓雾的葡萄；穿过大捆的向日葵、玫瑰、百合、勿忘我；穿过养蜂人的蜜，烘焙师傅的全麦面包；穿过土豆、南瓜、玉米、番茄、胡萝卜……因为都是有机作物，样子不漂亮，可是踏实。市场边缘夹杂着艺术家的摊子，一画布的颜色，混搭着。阴云下，叫卖声、泥土瓜果香、万紫千红时。

联合广场，在格林威治村的西北边界。建于 1815 年，具有所有广场的属性，历来的集会、游行之地、是非之地。辨认出几座塑像：华盛顿、林肯、甘地。

这个蔬果集市，每周有 25 万纽约人前来，享受平民的快乐。

戏剧性的是，一切都在高楼大厦的缠绕之中，比如，在广场西侧的这一座建筑，第 6 层，曾是安迪·霍沃尔的"工厂"。1968 年 6 月 3 日，激进女权主义作家瓦莱里·索拉纳斯揣着枪进入这幢建筑，向沃霍尔开了三枪。她的代表作品《泡沫宣言》中宣扬"推翻政府，消除金钱系统，机构自动化，消灭男性"。因为"男人是行尸走肉，不懂给予或接受快感与幸福"。

开枪的原因是她认为这个男人窃取了她的作品。沃霍尔大难不死，侥幸活下来。

田园风格迅速结束了。走上东 17 街，走过另一个烟消云散的地方——麦克斯的堪萨斯城*（Max's Kansas City）。

"你知道，即使是那些混蛋，某一天也会出名的。它就是这样的地方。"摇滚歌者斯蒂夫·泰勒说。

"麦克斯"1965 年 12 月开张，迅速汇集了大量音乐家、诗人、艺术家、画商、评论家、政客，成为一个身份复杂的地方。

德·库宁、巴尼特·纽曼一班"纽约画派"，金斯堡、柏洛兹、雷内·里卡德一众"垮掉派"。一大群音乐人：斯普林斯廷、鲍勃·马利、麦克·贾格尔、大卫·鲍伊、伊基·波普、路·里德、吉姆·莫里森、列侬与小野洋子。帕蒂·史密斯和摄影师男友梅普尔索普，从 1969 年到 1970 年代早期，几乎每晚都在"麦克斯"。

沃霍尔说："'麦克斯'是波普艺术遇到波普生活的地方。"他和他的追随者，占据私密的内室。这也是"迷惑摇滚"的基地，"地下丝绒"的秀场，包括他们在 1970 年夏天最后的一些演出。

可以寻欢作乐，可以彼此温存，可以痛不欲生。

1974 年，"麦克斯"开始在艺术圈失宠，风头已过。同年 12 月关门。

1975 年，"麦克斯"换了主人，重新开张。成为朋克的地盘。催生了"纽约娃娃""帕蒂·史密斯组合""电视机""自杀"等乐队。席德·维瑟斯离开"性手枪"之后在这里表演。1981 年，"麦克斯"再次关门。1998 年，"麦克斯"在西 52 街三度开张，但很快又关了。

孤单汹涌的地方总是速朽的。伤感的力量还没有成熟就消解了。比如你不会记得上一支烟花的样子，因为下一支已经开了。

---

\* 以下简称"麦克斯"。

所以纽约，所以孤单，所以繁花似锦。

一无所有，一步不停。


但也总会有难以磨灭的地方。

就在，向北一个路口，东 18 街。

"老城"（Old Town）——1892 年的酒吧，从来没有变过，安静在时间的角落。

不张狂的店面，门开着，隐约一堂酒客。

不变的，马赛克地面的细碎、锡顶的华丽、酒柜的斜角、桃花心木与大理石吧台。覆盖性的镜子。

椅子下的暗格，是禁酒令时期，警察来袭时客人藏酒的地方。

老式升降机还在神秘动作，菜品往复。

没有酒保招呼，要买酒就说话。

三号桌，摆着一本《安琪拉的灰烬》，弗兰克·麦科特的普利策奖作品。他在书的护封上写："大爱！纽约酒吧之王！一个你依旧可以说话的地方！"

《醉一生》是皮特·汉米尔的回忆录，在书的护封上，他写："致仍然可以让我饥渴的一间酒吧。"

1995 年，获诺贝尔奖的爱尔兰诗人谢默斯·希尼也在这儿喝一杯。

伍迪·艾伦喜欢那些看得见过去的地方。于是，在这儿拍了《子弹穿过百老汇》。当然，不只是他。还有许多片子：《迪斯科末日》《欲望都市》《为你疯狂》《法律与正义》《犯罪现场调查》。年轻时，麦当娜还在这儿拍了 MV《坏女孩儿》。

这儿的确是撒野的好地方。

东 18 街还有一间老店。一条街外。129 号，一幢红砖旧房子，一处铺张酒肆，黑底金字招牌：帕特酒馆（Pete's Tavern）。露台上散落了两三酒客，守着杯子和这个无法处置的下午。灯在白天亮着，照着于事无补的坏天气。有侍者出来，倚着围栏吸烟，不停抬头，看着空荡荡的高处，像盼望一场大雨。经过他的风，吹落一段长烟灰。

"在帕特酒馆顾客们弯曲的手肘上，可以找到纽约的脉搏。"作家米基·怀特在他的书《杀戮时尚》中这样形容。

酒馆 1864 年开张，之后，一直营业。就是在禁酒令时期也没有冷落过。那时，酒吧装扮成一间花店。当多数酒吧只提供标准的酒吧食物时，"帕特"提供意大利美食。虽然菜单根据客人的胃口在不断地演进，可是精雕细刻的酒吧台，深色木椅，灯饰、家酿啤酒，从第一天起就是这样。

老酒馆都是模糊地带，昼夜、季节、时刻、过去、未来，无法分辨。马赛克地面、锡皮屋顶、深沉的壁板、灯，都裹着时间的油脂。酒是唯一清晰的东西，明确的价值观。昏暗中满是站立喝酒的人，他们并不喧哗，可是有一种黏稠的躁动。吧台对面是真正吃东西的人，陷在类似包厢的座位中，互相隔断。穿行往返的侍者，将零乱的一切编织完整，成为场景。喝下第一口啤酒时，来了下一位酒客。

一个男人从联合广场走来，穿行一些冷杉、烤栗子的气味，黄昏，走进帕特酒馆。

小馆儿里外都是黑色，檀木吧台、深色勃艮第红天花板，表明这

帕特酒馆

是一间男人的酒吧。的确如此。昏暗。黑色座椅靠背很高，顶端都有帽钩，挂黑帽子或空着。雪茄烟雾。交谈，天气、政治、钱、女人。

门边，第二个座位。

他要了一瓶威士忌。他得写点儿什么。

街上都是被生活消磨殆尽的人。一种静静的绝望。步伐中有不得

已，目光中有不停沉没的东西。岁月都是脂粉潦草，都是衣服的褶皱、鞋上的污点。绝没有新的可能了。他们倾其所有，他们是没有远方的人。可是，也有另一种令人动容的东西，在全部厌倦、顺从之中，静静地，足以席卷地狱的东西。

那是他要说的。

而，相信的人有福了。

桌子上是笔、纸、酒。他写，美国文学史上一段最温柔的关系。

三个小时。

故事写完了，叫《麦琪的礼物》。

而，三天之后就是圣诞节了。


1902 年，欧·亨利来到纽约，40 岁。此前，他已经历了无比复杂的人生：3 岁丧母，父亲是酒鬼。他寄人篱下、辍学。从北卡罗来纳到德克萨斯，做过药房学徒、牧羊人、厨师、保姆、歌手、戏剧演员、药剂师、绘图员、记者、出纳。

1887 年，他结婚了，转年生下儿子，又在襁褓中夭折。

1989 年，他有了一个女儿玛格丽特。

他少年时想当画家，21 岁时改变主意，开始写作。办过一份失败的杂志，名为《滚石》。1896 年，他由于盗用公款遭到起诉，后逃亡至南美洪都拉斯。因妻子病危回国，妻子死后，他被判 5 年徒刑。在囚室写作，为掩遮犯人身份，起了笔名：欧·亨利。

1901 年，他出狱了。来纽约是因为离出版社近。他生活在下城区，以格林威治村为中心。

他写作速度极快，极少修改。他说："一篇小说一旦开头，我就非得

欧·亨利使用过的桌子和墙上的原版报纸

一口气写完。"7 年中，他写了 381 篇短篇小说。

他总是在最后一分钟将小说写好。

1905 年 12 月 21 日，这一天，欧·亨利还欠《纽约世界杂志》一个故事。出版人派了一个插图师去找他索要。他已经忘了，什么也没有。他看了一眼住的地方，让插图师画一个家具很少的贫困的房间，再画一

个男人，一个女人，他们坐在一起。他说会以此编一个故事。之后，他来了帕特酒馆。

门边，第二个座位。一个美国姑娘大口吃着薯条，无视挂在她上方的那张旧报纸，它的日期，插图中褪色的男人、女人，文章的标题。

1906年，小说集《四百万》出版，包括经典作品《麦琪的礼物》《警察与赞美诗》《二十年后》。

1907年，他与少年时的恋人莎拉结婚，但婚姻只维持了一年。

欧·亨利的写作活动是与挥霍、赌博、纵酒同时进行的。简单地说，自毁。1908年，他健康恶化，已影响到写作。他经常前六天喝酒、赌钱，第七天写一篇小说。即使如此，他还是在这一年写出了《最后一片常春藤叶》，场景是格林威治村。

1910年6月3日，他动笔写最后一篇小说《梦》，没有写完。6月5日，欧·亨利死于肝硬化，归葬于北卡罗来纳的阿什维尔。

他的女儿玛格丽特成年后进入普林斯顿大学，也曾短暂从事写作。1927年去世，埋在父亲身边。欧·亨利的母亲、妻子、女儿均死于肺结核。

酒馆的口号："因欧·亨利而著名的酒吧"。作家的照片、酒瓶、纪念物，在不经意的角落，提醒着文字曾有过的力量。

门边，第二个座位空了。看那张报纸，直到最后一段：

在这儿，我已经笨拙地给你介绍了住公寓套间的两个傻孩子不足为奇的平淡故事，他们极不明智地为了对方而牺牲了他们家最最宝贵的东西。不过，让我们对现今的聪明人说最后一句话，在一切馈赠礼品的人当中，那两个人是最聪明的。在一切馈赠又接受礼品的人当中，像他们两个这样的人也是最聪明的。无论在任何地方，他们都是最聪明的人，他们就是麦琪。

岁月流转，人们似乎越来越不喜欢"欧·亨利式结尾"。可，如果，世界从来就没有一份《麦琪的礼物》……

打动我们的往往是那些简单的情感，与深刻无关的东西，甚至与真实也无关。

越来越多的酒客，像黄昏的飞蛾。雨还没有消息，将要来临的又是一个覆水难收的夜晚。

欧·亨利说：

> 打开窗帘让我能够看到纽约。我不想在黑暗中回家。

📣 **狼咖啡馆（Café Loup）**
　　105 W 13th St

📣 **马克·吐温故居**
　　14 W 10th St

📣 **雪松酒馆（Cedar Tavern）旧址**
　　24 University Place

**阿尔伯特酒店（Hotel Albert）**
23 E 10th St

**麦克斯的堪萨斯城（Max's Kansas City）旧址**
213 Park Ave S

**老城酒吧（Old Town Bar）**
45 E 18th St

**帕特酒馆儿（Pete's Tavern）**
129 E 18th St

# 东 村
## EAST VILLAGE

## 如何面对一条消失的街

如何面对一条消失的街？

一个问题在纽约地下奔行，一站，又一站，逐渐变成了焦虑。即便此刻，在东村笃定的太阳下，依然无措。

如何面对一条消失的街？

格林威治村东面，就是东村。具体疆界：西起第三大道、包厘街，东至东河；北起 14 街，南至休斯敦街；属下东城。

17 世纪，这里是一片农场。19 世纪，大量德国移民涌入，形成了除柏林、维也纳外第三大德语社区，绰号"小德意志"，是美国第一个外语社区。之后来了波兰人和乌克兰人。一望无际的贫困、挣扎，许多年，持续的底层景象。

1950 年代，"垮掉的一代"来了，这儿是金斯堡、凯鲁亚克的居所，

有了文艺血统。之后，大批画家、音乐家、嬉皮士追随而来，建立新的栖息地。

1967年6月5日，《纽约时报》第一次以"东村"（East Village）称呼此地，明确了某种文艺身份。东村逐渐成为纽约反文化的核心地带，许多艺术运动的策源地。最刺目的是朋克的诞生以及新波多黎各文化运动。1980年代，东村的画廊还催生了美国的后现代艺术。当然，东村也是抗议和骚乱的起点。

路牌："圣马可街"（St. Marks Place）。它是第8街的一段，第三大道与A大道之间的部分，整个东村的中心街道。曾经的朋克们的街。

如何面对这条消失的街？

满眼市井。

2号，一间刺青店，也卖杂乱、伦俗的小东西：塑料首饰、眼镜、丝巾……

1962年，这儿是爵士俱乐部"五点"（The Five-Spot），塞隆尼斯·孟克、查利·帕克、查尔斯·明格斯的秀场。后来成了衣服小店"晚间秀"，纽约娃娃乐队是其著名的顾客。嚣张的朋克歌手GG阿兰也曾住在楼上的公寓。

4号，小店"垃圾与杂耍"（Trash and Vaudeville），与名字相配的不洁。橱窗有晴空也有头骨。白天的霓虹灯，有点儿艳情，有点儿血腥。

1950年代，它是一间剧院，名叫"桥"。涉及实验戏剧、音乐、舞蹈、独立电影。小野洋子曾在此表演。

"垃圾与杂耍"

　　1967 年，这儿成了服装店"凌波"（Limbo）。那时，嬉皮顾客热衷二手的李维斯牛仔裤。可，货源不足。店主就把新牛仔裤直接拿到洗衣店去洗。做旧了，达成类似穿过的效果再卖。这一手法迅速风行。此后，店主又找来东村的艺术家把牛仔裤加上补丁、纹样及其他饰件，再以 200 美金卖出。它被公认为第一家卖预洗的、做旧的和印花牛仔裤的店铺。

　　"凌波"拣选的货品，从复古风格衣裙、军装到印度丝绵质料的原创

服饰，都与 1960 年代的文化表达契合：摇滚乐、激进政治、东方精神、性解放。在"凌波"的推动下，服装成为文化批评的新介质。也是这家店使"中性服装"的概念得以确立。

1968 年，《眼睛》杂志评论："'凌波'远远不止是一家服装店。它是一种社会的、知识分子式的娱乐体验。面向所有人，无论年龄、种族、信仰、肤色和政治派别。"

"凌波"反复出现在《柯梦波丹》《生活》《时尚》杂志，成为纽约城"反文化者"的衣橱。珍妮丝·贾普林、吉米·亨德里克斯、吉姆·莫里森、"地下丝绒"、约翰·列侬与小野洋子都是小店的常客；还有安迪·沃霍尔和他的"超级明星"尼可、维娃、伊迪·塞奇威克；纪梵希来纽约时，也要去"凌波"看看；拉尔夫·劳伦和汤米·席尔菲格的设计也曾受到这家小店的影响。

1975 年"凌波"转手，改名"垃圾与杂耍"，继续与各种反文化运动紧密缔结，特别是朋克摇滚。小店现在依然是电影明星和摇滚乐队的衣橱。


小店有楼上、楼下。朋克、摇滚、哥特衣裳，如衣裳一样的看店的姑娘。T 恤上的歌手、偶像、煽动性的字句、进攻性的手势、与世界违抗到底的决心。各种配饰，铁钉、尖刺、皮革、极度黑暗、极度闪亮。许多故意破碎的，美得千疮百孔。性感极了。灯下，没有声音，却无比喧哗、躁动。没有一件令人平静的东西。一个哥特装扮的老女人在试一条皮裙子，无论如何，决不老去。


隔一道门，6 号，有两个买卖，一处可以喝啤酒、吃汉堡、玩街机游戏，另一处可以唱卡拉 OK。

此前，这里是一间音像店，卖电影、唱片。

再往前，1979 年，这是新圣马可浴室（New St. Marks Baths），一度号称世界最大的同性恋浴室。出于对艾滋病的恐惧，1985 年，浴室被纽约卫生部门关闭。

街对面，15 号，一家吃面包和寿司的小饭馆。多年前，它是保罗·麦克格雷格理发店（Paul McGregor's Haircutter）。麦克格雷格发明了"Shag"——短且蓬乱的发型，第一个剪此发型的顾客是简·方达。

从 19 号到 25 号是一连串面目全非的号码。

建筑本身叫阿灵顿堂（Alington Hall），一个有来历的地方。1895 年，西奥多·罗斯福在此演讲。1914 年，意大利黑帮和犹太黑帮在这个地方火拼。后来，它成了一间饭馆"多姆"（Dom Restaurant）。摇滚乐队"富格兹"（The Fugs）在此表演。1966 年，安迪·沃霍尔把饭馆改造成夜总会，上演他的多媒体秀"不可避免的塑料爆炸"。包括"地下丝绒"与尼可的演唱、沃霍尔实验电影、玛丽·沃娃和伊迪·塞奇威克的舞蹈等多种形式。接着，这里变身电动马戏团夜总会（Electric Circus Nightclub），音乐、灯光秀、马戏、实验戏剧，混搭着来。老板声称，在这里人们"玩游戏、穿奇装、跳舞、呆坐、默想、调适"。"地下丝绒"、"感恩而死"、欧曼兄弟都在这里演出。"电动马戏团"代表了纽约 1960 年代夜总会文化的野性与创意，它的享乐主义氛围影响了后来的迪斯科文化。

之后，人们厌倦了嬉皮。加上，1970 年 3 月 22 日，一颗黑豹党的炸

弹在这里爆炸，伤了 15 个人。1 年后，"电动马戏团"关门。

面前，是一处坊间超市，卖柴米油盐、瓜果梨桃。

25 号，门外飘一面米字旗，女王像，一根别针穿过她的嘴。"搜寻并摧毁"（Search and Destory），乱七八糟的二手小店。空间逼仄，强烈的气味，如山的旧衣服，朋克皮衣、T恤、鞋、配饰，混搭着裸体捆绑的塑料模特、形容诡异的麦当劳叔叔、米老鼠、骷髅、毒气面罩、玩具、无数老娃娃……左右来去，翻找、触摸，无比复杂的手感。蓦然，一个桃色头发、黑色蔻丹的日本女孩就在面前。一句"嗨侬"，惊耸、性感，原来是看店的姑娘。对朋克有乡愁的人尽可以来，年代散了，还有那时衣裳。

喝一杯街头咖啡，没有糖，没有奶脂。艳阳下，圣马可街充满各种各样的平庸。漫延在路边的廉价商品，低等比萨店、杂货铺、小饭馆、浮夸的颜色、广告词。所有属于日常生活的琐碎，像任何一条别的街。重要的是，行走的人们和他们止水样的目光。

还有，这只正午的空杯子。

继续，这个无聊的对比游戏。

57 号，一家精神健康中心。进出的，是些形貌异样的人。地方本身，无关美感，经不起一句描述。

这里，本是一间波兰教堂"圣十字"。1970 年代末，行为艺术家安·马格劳森把它的地下室变成 57 俱乐部（Club 57）——东村文艺青年据点。麦当娜、辛蒂·罗波、德国另类歌剧演员劳斯·诺米、卡芭莱歌手约翰·塞克斯、嘻哈音乐先锋"妙手佛迪"、变装皇后露波、街头艺术家凯斯·哈令、最初将流行文化符号注入科幻场景的画家肯尼·沙佛、最先在纽约地铁非法作画的涂鸦者斐图拉 2000（Futura 2000）……

演戏、歌唱、读诗、放电影、开画展、大规模群聚。

新的波希米亚人，新的艺术、新的疯狂。

"在 57 俱乐部充斥毒品和淫乱，这是一个放荡的大家庭。那时，我看看周围，说：'天呐！我已经跟这个屋子里的所有人上过床了！'那就是时代的精神——在艾滋病到来之前。"肯尼·沙佛回忆："每个人都是这样，或者在一起生活，或者在一起睡觉。"

他并不喜欢"57"，可他还是来了。

让·米歇尔·巴斯奎特，1960 年 12 月 22 日生于布鲁克林。四个孩子中的第二个，有两个妹妹。父亲是海地人，母亲来自波多黎各。

他聪慧，艺术天分极高。4 岁学习读写，11 岁说一口流利的英语、法语及西班牙语。8 岁时在街上被车撞了，手臂骨折，并最终摘除了脾脏。在康复期间，妈妈给他一本格雷的《解剖》，这本书对他的作品产生了重要影响。这一年父母离异，他和妹妹由父亲抚养。

11 岁时，母亲被送入精神病院。15 岁时，巴斯奎特第一次离家出走，睡在东村托普金斯广场公园的长椅上，被警察抓住送回父亲家。此后，他从高中辍学，父亲也把他赶出家门。他混在布鲁克林的朋友处，以卖 T 恤和手工的明信片为生。

1976 年，巴斯奎特和友人阿尔·迪亚兹一起开始在曼哈顿下城涂鸦，签名为"SAMO"（Same Old Shit 的缩写）。他们写下一些具有诗意、哲思的句子或符号。最有名的："SAMO 是个免责条款"。

1978 年 12 月 11 日，《村声》杂志发表文章介绍 SAMO 的涂鸦。1979 年，巴斯奎特与阿尔·迪亚兹产生分歧，他在苏荷区的建筑上涂写了"SAMO 已死"的字样。

之后，巴斯奎特组建了一支噪音摇滚乐队"格雷"，并开始在夜店演出，游荡在"麦克斯"、CBGB、穆德俱乐部。

1980 年，他在一间饭馆与安迪·沃霍尔相遇，他展示了一组作品的小样，沃霍尔惊为天人。那一年，他第一次参加了群展——时报广场展。他在一面墙上以涂鸦方式作画，引起关注。之后，他离开乐队全力进行绘画创作。1981 年 3 月，他的第一个个展举行，大获成功。12 月，评论家雷内里卡德在《艺术论坛》上专门为他写了一篇文章：《光芒四射的孩子》。

1982 年，巴斯奎特真的光芒四射了。他在纽约、洛杉矶、苏黎世、鹿特丹举行了多次展览，迅速成名。

那一年秋天，他的情人叫麦当娜。她叫他："我脆弱的情人"。

多年后，麦当娜回忆：

我并不确定遇见他时是在画廊还是一个夜店，但在那些日子，这并没有什么区别。

他的出现像电影明星，我为他疯狂。在到处是油彩的阿玛尼套装口袋里，他揣着一卷一卷揉皱的钱。有钱让他觉得有罪。他总是把钱分给穷朋友。

我记得他的标记 SAMO，总是配着一个小皇冠。我想他是天才，他是。但，对此他并不心安理得。

我记得所有姑娘都爱他，有一天晚上，我从他工作室的窗户看见，一个伤心欲绝的女孩正在把他的作品投入一大堆篝火。我想阻止她挽救那些画，但他并不介意，他说那是它们的命运。

我记得他在夜里三点起床，梦游到一块空画布前。他站在离它几英寸远的地方，开始画小小的人。他画得美极了。我站在那儿看着他，惊愕，目瞪口呆。

我真正忌妒的人没几个，他是一个。但是他并不知道他有多好，他没有安全感。他总是说他忌妒我，因为音乐更容易被接受、影响更多的人。他厌恶艺术只属于精英群体的说法。

当我和他分手时，他让我把他给我的画还给他。并不是因为我不值得拥有它们，而是他坚定地相信我会把它们卖了。

他是偏执狂。当然，我非常伤心，不过，我还给了他。

1983 年年初，他们就分开了。之后，巴斯奎特成为国际艺术家，麦当娜发行了《犹如处女》。

也是 1983 年，57 俱乐部关门。安·马格劳森离开，组建自己的乐队，许多艺术家去往更大更贵的场地。

再走，两个数字倒置一下，75 号，假日鸡尾酒廊（Holiday Cocktail Lounge）。麦当娜著名舞曲《假日》，灵感就是来自这间小店。推一道窄门，店堂黑着灯，来得太早，酒还在瓶中，杯子倒扣着。

转身，相邻的 77 号，老公寓楼，红砖、黑梯子、反复交错的影子。底层，一家饭馆"La Palapa"。米色店面，一树梨花。

1939 年 1 月，奥登和同性恋人衣修伍德持临时签证来到纽约。1939 年 4 月，衣修伍德去了加州，此后的岁月，他们只是间断性地见面。那时，奥登遇到了诗人切斯特·卡尔曼，做了他两年的情人。1941 年，卡

尔曼结束了他们的肉体关系，因为奥登坚持一种相互忠诚的关系，这一点他无法接受，但在奥登此后的人生中，卡尔曼始终是他的伴侣。

在纽约，奥登先是住在了布鲁克林高地，构成了一个艺术中心，绰号"二月房子"。

1948 年，奥登以长诗《焦虑的年代》获普利策奖。场景设在第二次世界大战时的纽约酒吧，四个人物：昆特、玛琳、罗塞塔、安布尔，在酒吧中探讨人生、孤独和希望。

> 恐惧成为必然，而自由却穷极无聊。
> 我们被征询过意见吗？我们是否根本／不堪闻问。

伯恩斯坦为这首诗写过一首交响曲——《焦虑的年代，一首巴洛克牧歌》。

在美国和欧洲漂泊辗转 10 年之后，1953 年，奥登搬入圣马可街 77 号，两层的公寓。托洛茨基曾在同一建筑的地下室里印刷《新世界》。

奥登生活在与东村的喧嚣完全相反的平静之中。他的起居室很小，没有窗子，到处乱着书、唱片、手稿。皱褶丛生的床。一间小厨房，还有另一个房间，也是零乱的，从那儿可以看到圣马可街。他与东村诗人没什么瓜葛，虽然他也曾表示被金斯堡的诵读所打动。可作为信徒，他常去教堂，也与邻里的店铺相熟。

直到 1973 年，奥登在维也纳一次诗朗诵后，因心脏病去世。

> 我们随着／巨轮的转动前行；革命／影响无所不在，无论是世

事浮沉／还是商业买卖……这个愚蠢的世界／精品巧器主宰一切，我们喋喋不休／说东道西，却仍旧孤独／存活却孤独，归属——在哪里？——像无根的野草一般。

焦虑从未过去。

即使此刻，也焦虑着：如何面对一条消失的街？

**圣马可街 St. Marks Place**
　　8th St, between 3rd Ave and Ave A

## "麦克索雷"小故事

之后，是一场无端的雨。

第7街，撑开了第一把伞。那种在感伤的爱情故事开始时出现的伞，像一个美好的借口。雨落在石墙、梯子、植物和来不及收场的阳光上。

也落在这四只酒桶，这间黑色小馆儿，格子窗，若有若无的玻璃、开了一半的门。

躲雨，在麦克索雷的老艾尔啤酒屋*（McSorley's Old Ale House）。一间1854年的爱尔兰小酒馆，是纽约最老，也是最后的"男人酒馆"。

160多年，酒、故事，不可拆分。

打开一盒时光罐头。矜持的光，迷人的黑暗。尘埃酿造的味道。地板铺了锯末，有沙子的错觉，一步温柔，一步陷落。墙是看不见的，被大量老照片、画、旧报纸、旗帜、信、纪念物覆盖，像这个房间滚滚的记忆、意识流、心灵史。木吧台、桌椅旧成了证据，不言自明的岁月。一只黑铁炉子一声不响，存着无数冬天的灰烬。

1860年2月27日，亚伯拉罕·林肯有点紧张。与这场雪无关，也无关寒冷。他要做一场演说，向陌生纽约的陌生民众，他要说，奴隶制度

---

\* 以下简称"麦克索雷"。

麦克索雷的老艾尔啤酒屋

是恐怖的，他要告诉他们，建立在别人痛苦之上的生活是不值得过的。
紧张，也无关他中西部农民的样子，只是，对于这个充分虚荣的城市，
他并没有把握。无论如何，他去了下东城，走进库珀广场 30 号的建筑，
他穿过人群和他们的审视。

　　那天，有 1500 人听见了他的话，漫长的七千字，他光辉的"库珀学
会演说"。

之后，有几个人拉他去了一街之外的小馆儿。

门开时，雪还没有彻底停。

几个顾客穿了正装。中间的男人个子很高，燕尾服有些皱了，不是本地人，面色中夹杂了憔悴以及更鲜明的坚定。他们围着桌子坐下，要了啤酒。高个子男人，环顾了一下酒吧，房间中心的炉子很温暖，也有忙碌热络的爱尔兰侍者。他喝了一口酒。他累极了，如释重负。一年之后，这个人成了美国第 16 任总统。

林肯之后，酒客中还有三位总统：格兰特、老罗斯福、肯尼迪。

"兄弟，要点什么?"
"酒。"

老酒保

　　酒保和酒馆一样老，极热络，仿佛与所有人相识，早已见过了。昨天，去年，上个世纪。

　　老酒保打酒，一大扎，黑色液体。

　　酒是麦芽酒，有大麦烤煳的焦味。


　　没有别离的酒馆是不完整的。


　　显然，吧台边的几个大兵还不想走。空杯子里的泡沫还在不停破裂，另一杯就又要喝光了。他们的面孔和军装一样崭新、聒噪。说的是女人、电影、歌、流言。除了战事，他们说不出什么。喝酒也喝着夜色、灯以及纽约一部分灵魂。一个大兵掏烟的时候，一张照片从皮夹滑出，姑娘的肖像。因为，它过于崭新，什么也攀附不住。她，在这个脆弱的只有男人的空间，坠落着。那个大兵，迅速抓住了她，迅速放回皮夹，照片有了第一道折痕。这个夜晚，也出现了第一次痛苦的表情。他点了一支烟，掩盖了这个非凡的细节。

　　那时，第一个人把许愿骨挂在了吊灯上，之后，每个人都这样做了。一支烟的时间，一个随便的游戏。没有人当真的。

　　可是，他们真的必须得走了。


　　离开"麦克索雷"，他们去了欧洲，第一次世界大战战场。

　　当时，"麦克索雷"为开赴前线的士兵提供啤酒和火鸡。吃剩的鸡骨成了许愿骨，挂着是等他们回来再取走的。


　　杯底最后几个苦涩的泡沫熄灭了。

唤酒保打了第二杯，站着喝。散落的几桌酒客和这个不紧不慢的雨天。

凡来喝酒的人，被小馆儿浸染着，有了旧时模样。

旧时的三教九流，声色犬马。


某个晚上，一个男人不停地玩着一副手铐，锁住自己再解脱，再锁再解脱。

之后，醉了，忘了带走他的手铐，他的道具和生活。

他是哈利·胡迪尼，那个魔术师。


一个下午，另一个男人来，喝酒，写诗。

题目就叫《在麦克索雷》，有这样的句子：


令你永远不会变老的爱尔啤酒。


诗人是康明斯，他喜欢酒，还有小馆儿的气氛，他形容为"舒服并且邪恶"。


有作家。

亨特·斯托克顿、布兰登·贝汉、阿米里·巴拉卡。《纽约客》的作家，约瑟夫·米歇尔写了一本小说集：《麦克索雷的美妙沙龙》。


有歌手。

某个午夜。当这个男人出现，当人们唱着："这片土地是你的土地，

"麦克索雷"的店堂

这片土地是我的土地……"

　　他是伍迪·盖瑟瑞，他写出了美国最著名的民歌:《这是你的土地》。

　　许多年后，走进来的歌者是约翰·列侬。

　　有电影，故事中的故事。

　　《美国往事》第 37 分 16 秒：少女黛博拉在犹太餐馆的仓库练习跳舞，少年"面条"正从厕所的一个缝隙偷看。黛博拉发现了他，却脱去了衣裙。她告诉老板"厕所里有蟑螂"。之后，"面条"在街头质问黛博拉为什么骂他"蟑螂"，她不屑地走开了。这时，"面条"的死党找到他，一起去执行"臭虫"交给的任务，教训那个不交保护费的报亭。他们穿过喧哗的人群，偷偷地向报纸上洒着汽油，之后，划着了

火柴。全烧了。

44 分 18 秒："面条"三个兄弟走进了小酒馆。


灯光昏暗,人声鼎沸。几个男人已经醉了。

侍者掏出一块钱晃着,要打赏他们。

"面条"没有接,他转了一圈儿,打量那些酒客。

侍者:"你疯了吗?"

"面条":"'臭虫'说或者我们拿一块钱,或者抢个醉鬼。"

所以,他们物色着目标。侍者:"就抢那个小个子醉鬼。"

因为,他刚刚拿出一块精美的怀表。


小馆儿就是"麦克索雷",电影中的黑帮据点。

之后,他们在街上埋伏好,盯着那个醉鬼,等待时机。

47 分 03 秒:麦克斯坐着马车出现了。


记得一句无关的对白,电影最后,当"面条"得知了真相,他对麦克斯说:"我们永远猜不透你在想什么。"麦克斯问:"这是你报复的手段?"他回答:"不是,这是我看待事情的方法。"


说远了。满了第三只杯子。老酒保莫名得意,喊着"麦克索雷"的口号:"好啤酒,生洋葱,没有女人。"

一句话持续了一百年。直到 1969 年 1 月 9 日,两个女人径直走进小馆儿。

　　她们挑了一张最显眼的桌子。

　　敌意在瞬间就成熟了。不过，男人们还是沉着的，不动声色。女人相视一笑，"两杯啤酒！"她们喊。侍者走来时，他的身上已被所有人的目光灼伤了。"对不起，我们不招待女人。"他说。女人们无视他的克制。她们反复提着要求，再反复被拒绝。松动来自这个走过来的男人，他端了酒过来，请她们喝一杯。她们说，味道，妙不可言。但，来不及回味时，她们已被轰出了店门。那个男人也被扔了出来，满脸是血。


　　两个女人：卡伦和弗斯，她们是律师，也是"全国妇女组织"（NOW）成员。她们把"麦克索雷"告上法庭，一路打到联邦法院。1970 年，她们赢了。当年 8 月 10 日，酒馆向女人开放。16 年后，店内加装了女卫生间。现在店内的口号有两条："规矩点儿，要么就走"和"在你出生前我们就在这儿了"。

　　旁边，一桌酒客的奶酪拼盘中，仍有生洋葱。


　　老酒保在门口，看一眼天，又转回。

　　"麦克索雷"是一颗钉在激流里的钉子。


　　酒尽，一地流沙，雨过天晴。

　　1910 年开始，人们留在墙上的纪念从未被取下。

　　脚边栏杆，胡迪尼的手铐依然锁着。

　　吧台上方，吊着铜灯，一边一盏，像两颗丝绒糖果。灯之间，横架上一排裹着油脂灰尘的骨头，没有取走的，每一根都是一个回不来的青年。

那把椅子，林肯坐过的，还在。那时，他刚说完那句著名的话："我们要坚信正义即是力量，并且在这个信念的指引下，敢于照我们所理解的那样，把我们的责任履行到底。"

走了。

"麦克索雷"的故事，一场雨的时间。

**麦克索雷的老艾尔啤酒屋（McSorley's Old Ale House）**
15 E 7th

## 圣殿必然坍塌

此刻，圣马可教堂（St. Mark's Church）空空如也。没有祭坛、没有十字架、没有基督、没有忏悔者、没有听告解的人，连一把椅子也没有。穿透彩色玻璃的光，高而辽阔，一地充满宗教感的斑斓棉花。除了，这个黑人舞者；他的肢体传达的爱、孤独、情欲、恐惧与战栗。他反复练习，每一遍都有细小的不同。一个人让整个殿堂充满了情感。

这是一间 1799 年的天主教堂，曼哈顿最古老的教堂之一。重要的是，它与艺术的缔结。1922年，邓肯在这里跳舞。1926 年，诗人威廉·卡洛斯·威廉斯在"圣马

圣马可教堂

可礼拜日讨论会"发表演说,之后多年,发言者有艾米·洛威尔、爱德华·斯坦陈、卡尔·桑德堡、埃德娜·圣·文森特·米莱,还有,被称为"美国舞蹈源头"的露丝·圣·丹尼斯。1964年,著名的外外百老汇"创世记剧院"在教堂成立。同年,上演了山姆·夏普德的两部戏:《牛仔》《石头花园》。1966年,"诗人计划"在此诞生,在40年的时间里,它是新诗与实验诗歌的道场。金斯堡、奥登都在此朗诵。

1971年11月,帕蒂·史密斯在蓝尼·凯的吉他声中诵读,成为史密斯组合成立的某种标志。

1974年,"舞空间"(Danspace)安家圣马可教堂,成为纽约一个现代舞据点。一直到今天,此刻。

教堂的职能依然在,不过,所有仪轨都在需要的时候才出现,平日,空空如也。

此刻,那个练舞的青年,像一个真正的福光的孩子。


轻轻关门。转身,东10街,骄阳似火。几步外,120号,一幢石头房子,有几级若无其事的台阶,一卷没有打开的报纸。1971年7月26日,摄影师戴安·阿巴斯走进了这道门,走进她的公寓,吞下大量镇静剂,在浴缸中,用剃刀割开了手腕。

她说:"摄影是关于一个秘密的另一个秘密,它告诉你的越多,你知道的越少。"


走完下一个逆光的路口,转上第二大道,这一带在20世纪早期是"意第绪语剧院区",早已落寞了,但不经意处仍有犹太的熟食店和面包房。

穿过圣马可街，遇见"欧菲姆"（Orpheum Theatre），一间 299 座的外百老汇剧院。

1904 年，它是意第绪语戏院。1920 年代改演过电影，1958 年再恢复舞台演出，第一出戏是《小玛丽阳光》。之后演过卡尔·波特的《百无禁忌》、田纳西·威廉斯的《你自己的事》、艾略特的《鸡尾酒会》。

欧菲姆的秀叫"Stomp"。这是一个结合了打击乐、舞蹈、情境喜剧的表演。他们用日常物品，如扫把、垃圾桶盖、打火机、破铜烂铁发出节奏。1991 年，两个英国音乐家对 Stomp 加入新的创意，1994 年进入纽约百老汇系统，演出超过 5000 场。

裹挟在一片嘈杂店铺之中，欧菲姆打出一句口号："去吧，享有你生命的时光"。


正对面，街角，一间书报亭，叫"吉姆斯巴"（Gem Spa），1920 年就在这里了。

由于它的杂志递送总比纽约城其他报亭早半天，由于 24 小时营业，"吉姆斯巴"历来是东村文艺青年的据点。1950 年代的"垮掉派"，1960 年代的嬉皮。在这儿，能买到诸如《村声》这样的"地下报纸"，反主流文化的，独立出版的，林林总总。《村声》杂志叫它"东村的官方乐土"，金斯堡叫它城市的"神经中枢"，写进了诗。在 1960 年代末，它所在的位置正好在两家经典演出场所"菲尔莫东"和"电动马戏团"之间。1973 年，"纽约娃娃"以"吉姆斯巴"为背景，为乐队的首张专辑拍摄了封底。1982 年，让·米歇尔·巴斯奎特也以"吉姆斯巴"命名他的画。

如此前情也不敌岁月。"吉姆斯巴"乱了血统。夺目的是小店里的彩色帽子、箱包、墨镜。书报只在暗处。门口，一个大木头盒子，站着算

吉姆斯巴书报亭

命的"印度人"。门里站着看店的伙计，明显的异乡人。卖的是各种各样
的杂货。唯一有气派的是插放杂志的铁架，老东西，格子之间露着刊物
名字和美女面孔。

　　这里也是纽约城著名的传统饮料蛋蜜（Egg Cream）的诞生地，号称
"纽约最好"。

杂志墙

　　要了一杯。异乡人机械地操作，以塞尔策矿泉水，加入几乎要冻结的牛奶以及巧克力汁。甜与凉罢了。

　　向南，第 7 街路口，走过一间犹太烘焙店，卖自家做的面包，打开一段麦子香。不到第 6 街，半空有旗，蓝底色上一只红苹果。一家名为"苹果"的银行。外墙钉一块牌子，"菲尔莫东旧址"。正是门开时，一架 ATM 机发出钱的声音。

　　之前，这里也是一家意第绪语剧院。1968 年 3 月，"菲尔莫东"开张，迅速成为"摇滚乐的圣殿"。当家乐队是欧曼兄弟乐团。感恩而死乐队在这儿演出了 43 场。还有一大群非凡的名字："谁人"、平克·弗洛伊德、"齐柏林飞船"、尼尔·扬……1969 年最后一天，亨德里克斯在这儿录制了专辑《吉卜赛乐队》。1971 年，在安迪·沃霍尔的力推下，约翰·列侬、小野洋子与弗兰克·扎帕的发明之母乐队，在这儿联袂演出，现场录音收录在了《某时在纽约城》。

　　还有，"大门"。

没有什么可以抵挡吉姆·莫里森。

他是在大幕升起的瞬间冲上舞台的，他穿了紧身皮裤，攀附着幕布不停上升，已经非常高了，他突然放手，掉落。片刻，他跳起来，抓住麦克风，大声尖叫，背景光一片血色——《音乐结束之时》《门后的男人》《五对一》《破碎穿越》……

不停有水仙花被掷上舞台，莫里森把这些花捡拾起来放在乐器上面。他开始唱《点燃我的火》，拿着一大把花挑逗鼓手约翰·登斯莫尔，在他的鼻子下面摇荡，接着用这些花抽打他的头。


1968 年 3 月 22 日和 23 日两晚，"大门"在"菲尔莫东"有四场演出。票价 5 美金。从晚上 8 点到第二天凌晨 3 点，点燃了所有人，也传说多年。他们首次播放了短片《无名战士》，并现场演唱这首歌。在"菲尔莫东"的演出被认为是"大门"最好的演出之一。最后的返场长达一个小时。而，人们在来的路上拨光了汤普金斯广场的所有水仙。


1971 年 5 月 6 日，《村声》杂志，第 45 页，刊登了比尔·格兰汉姆的一封信，宣布，将关闭"菲尔莫东"，并列出七个原因。简单说，因商业化带来的不可挽回的价值败坏而心灰意冷。他写："对于所谓'音乐工业'我并不买账。对于众多音乐家委身其中，我非常失望。并且我震惊于百万计的大众支持这个'工业'却从无质疑。我不确定未来的情况是否会有好转。"无论如何，他写"菲尔莫东将成为往事"。

6 月 27 日，"菲尔莫东"关门。6 天之后，吉姆·莫里森死于巴黎。

"我并不疯狂。我只是热爱自由。祝你好运。"他说。

换不一样的路，乱行，东村的纷纷正午：一个流浪者和他的行李——十字路口唐突的神甫，黑色袍服硕大的十字架——警笛声——墙角涂鸦中一个少年的忧郁——洗衣房门口充满慰藉的气息——一只不停融化的冰激凌——公用电话没有放回去的听筒——许多飞逝着的影子——苍白的少女和她就要崩溃的妆容……

之后，是包厘街（Bowery），有间窄小又深不可测的店铺，光天化日下的黑色。

核对地址，没错，是 CBGB 旧地。

"之后我拿出剃刀片 / 之后我做上帝禁止之事。"

歌词出自朋克乐队"雷蒙斯"的歌《第 53 街与第 3 街》。唱的地方就在 CBGB 门外。

回到 1973 年。CBGB 开门，四个字母分别代表这间俱乐部的音乐倾向：乡村（Country）、蓝草（Blue Grass）、蓝调（Blues）。然而，由于它所在的"包厘"是一个非常不稳定的社区，历来就是醉鬼、小偷、吸毒者、被抛弃者的聚集地。所以，这几种音乐类型的乐迷都不愿靠近这里。当时，没有签约的乐队很难找到表演原创音乐的场所，CBGB 就成为这些音乐人的秀场和避难所，逐渐成为美国朋克和新浪潮乐队的重镇。

雷蒙斯合唱团、"格格不入者"、帕蒂·史密斯、"独裁者"、"金发美人"、琼·杰特、传声头像，都在 CBGB 起步成名。

此刻，这是服装设计师约翰·瓦维托斯的店。这是 CBGB 的废

墟。衣服、鞋子、配饰，都放荡不羁、精致入骨，所以，昂贵。朋克调子，与朋克无关的堂皇。墙上挂着曾经的海报、歌手肖像。有一张黑白照片，一个在街头，在深夜直视你的女人。她是，帕蒂·史密斯。

安慰有很多方式，CBGB 是一种。它的气息，朝生暮死，蛊惑人心。

梅普尔索普从照相机里看着这四个字母和苍白的光。

一个纽约的孔洞。

它不是建造的，而是被蛀空的。

而他，是陷入的。

无数碎片构成的房间，涂鸦、字句、面孔、细小的纪念物，连成墙皮、屋顶。每一片都是垃圾，拼接在一起就是祭坛。

灯光中有不明确的快乐、危险的思想、神秘的液体与粉末。有酒、烟雾、黏稠的喘息、晃动的手和身体。有某种沸腾的东西，尖锐的质地、正在毁灭的事物。有纯真的暗流、诗、自足，一种迷人的绝望之情。

而这一切，下一刻就有可能全部消散。

舞台似乎一直在沉没，音乐使它漂浮。那些用力划桨的乐手，他的姑娘就站在上面，像个男人，一个真正的祭司。

"帕蒂、帕蒂、帕蒂……"

她唱："基督为某些人的罪而死，但不是我的——"

她可能看见他了，可能没有。

无论如何，今晚，人们会像悲伤一样涌出这个地方，消失在夜色中。

上帝给了我们一双翅膀／给了我们一个胃／我们要么飞翔要么呕吐。

帕蒂·史密斯，1946 年 12 月 30 日，芝加哥制造，生于工人阶级家庭，爱尔兰血统。母亲是"耶和华见证人"，帕蒂有一个充满宗教感的童年，但十几岁时就背弃了《圣经》，她说所有的教义"是人造的规则，你可以决定遵守还是违背"。她热爱诗，热爱兰波，视为情人。高中毕业，1964 年，帕蒂进入一间工厂当工人，非常痛苦。1967 年，她生下一个女儿，但选择了让别人领养。

1967 年，她来到纽约。
"那是一个好天气。没有人盼望着我。一切已等待着我。"

在打工的书店遇到了摄影师罗伯特·梅普尔索普。他们立即陷入一种剧烈的情感关系，混着爱欲、梦、理想主义、毁灭。他们一起抵挡着贫穷，一起面对梅普尔索普的同性恋倾向，如醉如痴，痛不欲生。

有些日子，灰色的雨天，当布鲁克林的街头美成照片，在莱卡镜头的每面窗子，风景都带着静默的颗粒。我们拿起彩色铅笔和纸，画，像粗野的流浪的孩子，画，直到深夜，直到精疲力竭，我们陷落床上。倒在彼此的手臂之中，依然不自在但是快活，令人窒息地吻着对方，直到沉睡。

从童年起，我梦想着去有诗人和艺术家的地方。兰波、阿尔托、布朗库西、加缪、毕加索、布列松、戈达尔、让娜·莫罗、朱丽叶·杰

里柯，所有人。巴黎是我的圣城。


1969 年，帕蒂和妹妹琳达一度去巴黎流浪，在街头卖唱，也做行为艺术。

回来后，她和梅普尔索普一起住在切尔西酒店，一间最小的房间。他们出没在"麦克斯"以及 CBGB。她写诗、演戏、画画、创作歌曲、为杂志写摇滚新闻。1974 年，帕蒂染指摇滚乐，建立了自己的乐队。1975 年，第一张专辑《马群》发行，融和了摇滚、朋克和诵诗，成为摇滚乐史上的一次突破。而梅普尔索普为她拍了那张著名的封面照片，帕蒂白衣、黑发，直指人心。


"对我来说，朋克摇滚是创造的自由、成功的自由、不成功的自由、成为你自己的自由。它就是自由。"


朋克风行了，帕蒂·史密斯乐队开始在美国和欧洲巡回演出。此间发行了第二张唱片《埃塞俄比亚电台》，反响平平。1977 年 1 月 23 日，在佛罗里达的坦帕，帕蒂从 4.6 米高的舞台坠落水泥乐池，几块颈骨骨折。一切必须停下。她也必须重新学习生活。1978 年发行了她商业上最成功的专辑《复活节》，包括她与斯普林斯廷合写的《因为这夜》。

1979 年，另一张唱片《海浪》发行前，帕蒂与底特律摇滚乐队 MC5 的吉他手弗雷德·索尼克·史密斯相遇、结婚。她生了两个孩子，杰克森与杰西。一家人住在底特律北部，过安静的日子。与梅普尔索普相忘江湖。

"我们走着不同的路，但走在彼此的目光之中。"

在 CBGB 演出有两条原则：一是必须表演原创音乐，二是必须自己搬运器材。翻唱乐队是不能在此演出的。俱乐部名声日盛，开始吸引纽约之外的乐队。1978 年 10 月 20 日，由史汀担当主唱的"警察"乐队在美国的第一场演出就是在这儿。

1980 年代后期，除了硬核朋克之外，CBGB 的演出还包括"后朋克""金属"和另类摇滚，也加入了各种实验音乐。

1990 年代，在 CBGB 演出的场内外发生过一些暴力事件。老板不再允许"硬核"表演。

1989 年 3 月 9 日，梅普尔索普因艾滋病死于波士顿。帕蒂与他一直分享着某种深沉的情感。2011 年，她

CBGB 旧地

出版了自传《只是孩子》，称梅普尔索普是"我生命的艺术家"。

"我们正走向喷泉，活动的中心，一对老夫妇停下公开地观察我们。罗伯特很喜欢被注意，他深情地握紧我的手。'哦，给他们拍张照，'女人对茫然的丈夫说，'我想他们是艺术家。''哦，算了吧，'他耸耸肩，'他们只是孩子。'"

1994 年，弗雷德·史密斯因心脏病去世。不久，帕蒂的哥哥托德意外身亡。之后，是史密斯乐队键盘手理查德·索尔去世。

诗人艾伦·金斯堡和一众好友说服帕蒂·史密斯复出。

"最后，在海边，上帝无所不在，我慢慢被平复。"帕蒂说。

在儿子年满 14 岁的时候，帕蒂·史密斯重回纽约。1995 年 12 月，她与鲍勃·迪伦有过一次短暂的巡演。1996 年，帕蒂录制了歌曲《关于一个男孩》，献给自杀的科特·柯本。此后，她录制了新的专辑《安静与噪音》。她回来了，像一次巴洛克式的落日。

2000 年之后，CBGB 陷入一系列地产使用权问题。2006 年，传奇终结。

《纽约邮报》引用死亡男孩乐队吉他手奇塔·可欧姆的话："整个曼哈顿已向金主出卖了灵魂。"说的是 CBGB，另一个证据。

必须说，约翰·瓦维托斯是有杀伤力的。追忆几度中断，因为一双鞋子或是一只皮手环。一个舞台样的角落，有吉他有鼓，背景有无数喇叭。

店堂故意保留了 CBGB 的痕迹：一截通风管道、几段墙。金钱消灭了歌，还要染指歌的荣耀。毕竟，往事是最好的调味料。

一整面玻璃背后，一片墙，昔日的破碎：面孔、名字、语词、爱、咒骂、无数心灵突进、曾经属于未来的日期。每一张纸都粘连着不可拆分。慢慢地，玻璃沸腾了，所有破碎静静铺张，生长，拼凑完整，枝叶饱满，弥漫了整个空间。就像从前，一堂人物，歌、酒、琴声、心绪，欲罢不能的午夜……

在不停沉没的舞台上，她已经唱了三个半小时。

灯光简陋、强烈。她像一张曝光过度的照片。消除了所有显示脆弱的细节。年龄、感伤及其他。

听众喊着她的名字"帕蒂、帕蒂、帕蒂……"

安静之后，她开始唱最后一首，《挽歌》：

我只是不知道今晚要做什么 / 连喝酒和呼吸都会头痛 / 记忆像油脂穿过骨头，流逝 / 今晚我一定会梦到什么 / 空气中都是你的影子 / 所有火冻结了我还是这样想，噢，呵 / 小号、小提琴，我听见它们来自远方 / 我的皮肤射出一束光，但我想这是悲伤的，这太糟了 / 朋友们今天不能与我们相聚。

之后，她读一页纸上的一长串名字：理查德·索尔、弗雷德·史密

斯、斯蒂夫·巴托斯……

他们曾在这儿歌唱，他们已死。

2006 年 10 月 15 日，CBGB 举行了告别演出，帕蒂·史密斯作为嘉宾，从晚上 9 点 30 分开始演唱，直到第二天子夜 1 点。

她说，这个地方不是什么圣殿，它就是它，它的最美妙之处，是它对待你的方式，你找到这样一个地方，一个没有人要的烂地方，你找到某个人相信你，你就做你要做的事……

最后的最后，她还是哭了。

她说："我们记得所有，CBGB，32 岁，与基督一样的年纪。"

> **圣马可教堂（St. Mark's Church）**
  131 E 10th St

> **欧菲姆剧院（Orpheum Theatre）**
  126 2nd Ave

> **吉姆斯巴（Gem Spa）**
  131 2nd Ave

> **菲尔莫东（Fillmore East）**
  105 2nd Ave

> **CBGB**
  315 Bowery

# 波希米亚城

镜头中：

东4街沉浸在一种类似盛夏的天气。炎热，持久的晴朗。郁金香已燃烧到了最后，一团烈焰的味道。一行旺盛的树、一地影子，黏稠、寂寞。台阶上的猫，无比慵懒。咖啡馆露台，几个无所事事的人，带着海滩上才有的坦然和放纵。视觉中永远躲不开的黑色防火梯，关于逃离的想象，一直没有成为现实，一直空空荡荡。

拉妈妈剧院就在长日将尽处。

拉妈妈剧院

1961 年 10 月 18 日，服装设计师艾伦·斯图尔特走进东 9 街的一个地下室，她租下这个地方。白天，这里是她的小店；晚上，这儿是她的小剧院："拉妈妈"（La MaMa）。登台的都是新手，无名小辈。艾伦是不看剧本的，她只对人感兴趣，只相信直觉。一出戏能不能上演取决于她对作者的好恶，所谓性情中人。有时，她甚至为潦倒的剧作者提供食宿。

1963 年，艾伦为"拉妈妈"定下规矩："只演新剧"，一周一出。每次开场，她都会摇着铃，说："欢迎来到'拉妈妈'，这里属于剧作家和戏剧的一切。今晚，我们演出的是……"

今晚，是日本舞者中马芳子的作品《没有或者全部》。票已售完。

剧院还空着，一整面墙的黑白剧照，入口，一块路牌："艾伦·斯图尔特路"。

来了第一位观众。

艾伦认为青年剧作家在从业早期必须无惧批评。

所以，保罗·福斯特、山姆·夏普德从这里起步。

罗伯特·德尼罗、丹尼·德维托、摩根·弗里曼、乌比·戈德堡、黛安·莲、艾尔·帕西诺、比利·克里斯托、克里斯托弗·沃肯，都曾是"拉妈妈"的青年，在这间地下室里粉墨登场。

1960 年代，外外百老汇有四家核心剧院：西诺咖啡馆、拉妈妈剧院、贾德森诗人剧院、创世记剧院。至今，"拉妈妈"是唯一的幸存者。

剧院也搬过许多次家，1969 年 4 月，定址在东 4 街，一直都在。除了纽约，"拉妈妈"也在欧洲及世界各地演出。每个演出季有 100 个剧目，超过 400 场演出。

艾伦·斯图尔特 2011 年去世，91 岁。

山姆·夏普德回忆他第一次见到艾伦："我走向她，说'我有一部戏'。她说：'我们把它演了，宝贝。'"


"拉妈妈"正对着的是纽约戏剧工坊（New York Theatre Workshop）。它始于 1979 年，是一间外百老汇剧院，198 个座位。另有一个 75 座的"黑盒剧场"，供排练用。

门面极小，铁皮招牌旧了，锈了，动荡着一枝树影。

纽约戏剧工坊

1996 年 1 月 25 日，音乐剧《吉屋出租》（*Rent*）首演。

舞台：第一幕即将结束。众人涌进生活咖啡馆，针对波希米亚已死的论调，他们跳上桌子，大声歌唱波希米亚的生活。群情激昂：

"敬波希米亚……敬灵光闪现的日子，逃学、无中生有、对表达和沟通的渴求……敬不止有一个尺度，敬渴望有人注意，憎恨成规，憎恨自负……敬那些在正午骑单车的日子……敬水果、敬没有绝对、敬'绝对'（一种沃特加）、敬选择、敬《村声》、敬任何昙花一现、敬成为我们中的一个，而不是他们！……敬桑塔格、敬桑德海姆、敬任何禁忌、敬金斯堡、迪伦、坎宁汉和凯奇……敬舞台、敬歌、敬佛陀、敬聂鲁达……敬冷漠、敬无序、敬空虚、敬狂喜、哈维尔、'性手枪'、8BC、敬羞耻，永远不玩儿名利游戏……敬大麻、敬索多玛，在上帝与我之间……"

曲终。灵异就发生在这个时候。一切冻结了。观众无法呼喊，无法鼓掌，无法表达感动之情。静默，长达 30 秒。直到，有一个声音说："谢谢你，乔纳森·拉森。"咒语去除。一切融化了，掌声、尖叫、热泪盈眶。

乔纳森·拉森是此剧作者，他在首演日的清晨去世，几个小时前。

拉森，犹太人，1960 年出生，热爱摇滚乐、戏剧。热爱"甲壳虫""大门""谁人"，热爱史蒂芬·桑坦和他的《理发师陶德》。吹小号、大号，弹钢琴，出演戏剧。大学时，他开始创作音乐剧。搬入格林威治村一间没有暖气和热水的阁楼，和一群室友过着波希米亚生活，10 年间，他平日写歌，周末在月亮舞餐厅当侍者，写无名小戏，过苦日子。这一时期，他写的一部叫《倒数时刻》的戏，曾在"村门"上演。

《吉屋出租》灵感来自普契尼的歌剧《波希米亚人》，拉森借用了原作的结构、人物。故事发生地从巴黎拉丁区转到了纽约东村的字母城。记录了，一年：五十二万五千六百分钟；一群人：音乐家、拍电影的人、教师、双性恋舞者、变装皇后，街头艺人……一种疾病：艾滋病，他们共同的阴影。记录了，这群人在这一年中对于这种疾病的抵抗；记录了，爱、贫穷、失去、不可剥夺的纯真。

1991 年，拉森着手创作。在剧中加入了他的私人生活细节。比如，他有一个烧木头的非法的炉子；比如，他曾和一个女舞者有过 4 年恋情，后来，她为另一个男人离开他，最终为了一个女人离开了所有男人。

1993 年，《吉屋出租》开始排演。3 年时间。1996 年 1 月 25 日清晨，纽约戏剧工坊，最后一次彩排结束了。几个小时后，拉森突发心脏病去世。在拉森父母的要求下，首演如期进行。

这出戏在外百老汇大获成功，三个月后进入百老汇，在尼德兰德剧院上演。《吉屋出租》获当年的普利策戏剧奖及三项托尼奖。2008 年 9 月 7 日，此剧演了最后一场，在百老汇演出时间最长剧目中列第九位。

《吉屋出租》之后，戏剧工坊持续推出新戏，年复一年。2001 年，"乔纳森·拉森实验剧场"成立，面向如他一样的戏剧青年。

进入，无声，裸露的砖墙、工业感的灯、黑色舞台；零乱，工人们正搭着一堂布景，为一出无名的新戏。

也许，也会有如此美好的歌：

五十二万五千六百分钟／此外，你还能如何丈量一年的时光？／

以日出日落/以午夜以咖啡/以寸以里/以欢笑以争吵/除了以五十二万五千六百分钟/还能如何丈量一年的时光？/不如就用爱吧/……记得用爱，让一年都是爱的季节。

歌未停，已穿过东村西部边界，已走在大琼斯街（Great Jones St）。英语有一个词："Jonesing"，形容"深度上瘾"，原意指毒品，现在意思扩展，指日常生活的各种瘾。这个词就来自这条街，曾经的瘾君子出没之地。

一长串不体面的楼、连绵的涂鸦，直到覆盖了 75 号。

1983 年开始，这座米色小楼是让·米歇尔·巴斯奎特的家、画室。

1985 年 2 月 10 日，巴斯奎特上了《纽约时代》杂志封面，标题是《新艺术，新钱，一个美国艺术家的市场》。此时，对于海洛因的依赖开始影响到他的个人生活。

1983 年开始，巴斯奎特与沃霍尔开始形成了一种特别的关系，像某种奇怪的情侣。沃霍尔，有名声；巴斯奎特，有才华。一起工作、谈话、外出。沃霍尔曾试图让巴斯奎特远离毒品。1985 年，他们联合举行过一次展览，但反响平平。

1987 年 2 月 22 日，沃霍尔死了。巴斯奎特感到前所未有的孤立，抑郁和毒瘾越来越严重。他说："我有一些钱，我画出过最好的画。我完全深居简出，不停工作、不停嗑药。对人们来说我是可怕的。"

1988 年 8 月 12 日，星期五。炎热。大琼斯街 57 号在烈日下。在这座小砖楼里，巴斯奎特在一张巨大的床上沉睡。电视还开着，他沐浴在蓝光之中。空调坏了，极度湿热。浴室的门半开着，一角黑色浴缸，边上有一小堆带血的针管。他的女友，21 岁的凯勒·尹曼正在楼下写着什么。她有些担心，巴斯奎特没有像往日一样下来吃早餐。她上楼，开门，热气像一个巨浪。但是巴斯奎特似乎睡得很平静。她再次下楼。几个小时后，她再次上楼，发现他在地板上，姿态像一个婴儿。嘴里流出许多清澈的液体。

巴斯奎特死了，27 岁，死因是多种毒品混合中毒。他一直将海洛因和可卡因混在一起吸食，起名："速球"（Speedballing）。在死前几个月，巴斯奎特称他每天注射 100 袋海洛因。

多年后，麦当娜说："当我听说让·米歇尔死了，我一点也不吃惊。对这个世界来说，他太脆弱了。我记得，有一个夏日，我和沃霍尔、凯斯·哈令以及让·米歇尔在一起，感觉自己是世界上最幸福的女孩儿。认识他，认识他们所有人。现在，他们都走了。"

说完了，东村的另一次永别。

大琼斯街向东过了包厘街就改名东 3 街，气氛回到俗常，旧而安宁。

相遇，下一个路牌：A 大道（Ave A）。

东村的东南角，北起 14 街，南到休斯敦街。其间，从西到东，四条主街以单个字母命名：A 大道、B 大道、C 大道、D 大道。这就是曼哈顿独有的"字母城"（Alphabet City）。

19 世纪早期，这里是东河的一片湿地滩涂。抽干水后，人们在河床之上建造房屋居所。最初是德国移民。20 世纪初，大批的东欧犹太人和爱尔兰、意大利移民涌入。生活条件恶劣，没有自来水。那时，字母

城沦为曼哈顿的红灯区和最坏的贫民窟，也是纽约城人口密度最大的地方。地铁系统修建之后，人口逐渐外移。20世纪中期，成千上万的波多黎各移民来了。到了1960年代，字母城被称为"Loisaida"，西班牙语，意为"下东城"，是"新波多黎各人运动"的中心。许多知识分子、诗人、艺术家称Loisaida为家园。金斯堡也一度住在字母城。

1980年代，由于"新波多黎各人运动"的影响、低房租和某种创新的气氛，大量年轻贫穷的艺术家搬入字母城，成为新一代波希米亚人。涂鸦者、作家、街舞艺人、饶舌歌手、音乐DJ。这里也是毒品和暴力犯罪的高发地。这就是《吉屋出租》故事里的街区，故事里的人。

A大道，一路向北，浮生世相，店铺小馆儿，嘈杂零乱的下午。走过94号，走过人行道咖啡馆（Sidewalk Café）。

1985年开始，这里是地下音乐重镇，

人行道咖啡馆

也是美国"反民谣"的一个中心。此外，也有诵诗、喜剧表演。蕾吉娜·史派克特、发霉桃子乐队都在"人行道"起步。

秀场空着，黑着，还不是时候。

一步之外就是第 7 街，就是一面绝不会错过的墙。涂鸦艺术家"反叛"（Revolt）画的，碰撞乐队的朋克歌者乔·斯特拉莫。配了这样一句话："未来已经写就。"

墙属于"尼亚加拉"（Niagara），东村的老牌酒吧。极小，像一条黑巧克力，苦涩、敏感。侍者点着蜡烛，照亮一个骆驼香烟的标志，某种怀念。还有致幻的光辉灿烂的瓶子。纷杂，飞蛾般不断涌入的酒客。

杜松子酒配汤力水，一杯。

出门，就是汤普金斯公园。草地、大树、逆光繁花，一些最后晒太阳的人。

乔·斯特拉莫像

汤普金斯公园

公园在 A 与 B 大道之间，始于 1850 年。历来是抗议、示威、骚乱、集会、狂欢之地。1960 年代，这里是反越战的一个据点。1980 年代，公园里充斥着无家可归者、睡帐篷的人、毒犯。1988 年 8 月，警察试图清场时，发生了暴力冲突，这一事件是纽约 1980 年代城市问题的表征。到了 1990 年代，所有流浪者被赶走，公园成为大众消遣之地。最有名的是每年万圣节的"狗巡游"。

拣一张夕阳浓烈的长椅子坐下。

看得见街角，马蹄铁酒吧（Horseshoe Bar）外，一团乱。今天不待客，一群拍电影的人把它据为己有。滑轨、硕大的灯、摄影机、旧扮相的演员，几个场工煞有介事抵挡着路人。

一间 1935 年的小馆儿。可以叫它 7B、"马蹄铁"，或者"瓦扎克"。这取决于你在同谁说话。

1962 年，美国作家多恩·鲍威尔在她最后一部小说《金马刺》中，将这间酒吧标记为纽约的东端。7B 是纽约城罪案电影最喜欢的景地。1974 年，电影《教父 II》中，麦可·加佐扮演的法兰基·潘坦居利差点在这里被绞死。1986 年电影《鳄鱼邓恩》，这个澳大利亚人也是在这里遇到了一个纽约妓女。还有《欲望都市》《冲突》《法律与正义》《情迷拉斯维加斯》……

2005 年，《吉屋出租》拍成了电影，7B 就是片中的"生活咖啡馆"，是一群人跳上桌子，高唱《波希米亚生活》的地方。

这一阵仗在午夜之前是收不了工的。

做不受欢迎的路人，从小馆儿门口过。一个女演员，沉浸故事，守着无数的酒和空吧台。

离开机还早。

马蹄铁酒吧

下一路口，右转，东 6 街。几乎都是安静人家。唯一的戏剧性来自一些无序的树，仅此而已。

站在 524 号，从这个角度，一半是街，另一半是稠密的公寓，还有四个拱门。同样的场景、构图，印在 1974 年的一张电影海报上，《教父 II》，年轻的维托·科利昂坚定地看着这一切，看着 1917 年的纽约。

他说："我会给他一个无法拒绝的条件。"

他说："坏消息要尽快知道。"

他说："复仇这道菜冷了以后才最好吃。"

向南，转上东 4 街。走过 234 号的窄门。

1978 年，这是麦当娜在纽约的第一个家。租金极低。那时，这个街区到处是毒品、黑帮、无家可归者。几年后，整个流行文化因为她永远地改变了。

再度相遇 A 大道，游荡，直到东休斯敦街，远远，黄昏中竖直的大招牌"卡茨"（KATZ'S）。

"卡茨"是纽约城最老的熟食店，始于 1888 年，也是城里仅存的依然手切胡椒熏牛肉和腌牛肉的地方。

一个巨大的食肆，点菜的柜台与餐桌都浩浩荡荡。各色肉食一字排开，一堂浓香，刀声阵阵，大呼小叫，热络、纷乱。大量食客来了走了，侍者往复，伺候没完没了的流水席。

餐厅正中挂着一张纸："你正坐在当哈利遇到莎莉的桌子边"。

《当哈利遇到莎莉》是一部 1989 年的爱情喜剧片，由诺拉·艾芙伦编剧，罗伯·莱纳执导，比利·克里斯托和梅格·瑞恩分别扮演男、女

主角哈利和莎莉。故事围绕着两位主角对于男女关系反复地探讨和争论
来展开，提出这样的问题："男人和女人真的可以只是朋友吗？"

一份牛肉，切大片，极入味，啖食，有江湖快意。

休斯敦街是一条康庄大道，东西贯穿整个曼哈顿。走的这一段算是
东村边界，以南就是下东城。不见太阳，只有影子沉入道路。风从东河
来，咸腥混着夜幕。徒然满眼灯火，炎热梧桐，无边车流。太宽的路都
没有怜悯。

转上 C 大道，走两个路口，是东 3 街。公寓、小教堂、停车场的
铁蒺、邮局、面包房、一段涂鸦墙、新波多黎各诗人咖啡馆（Nuyorican
Poets Café）。

"这间咖啡馆是这个星球上最融洽的地方。"金斯堡说。

1973 年，罗格斯大学教授，波多黎各诗人米格尔·阿尔格瑞开始在
他东村的家里举行诗人聚会，1975 年，他在东 6 街租下一间爱尔兰酒吧，
起名"新波多黎各诗人咖啡馆"。从此，大量诗人聚集，形成一场文艺运
动。这间小馆儿成了诗、音乐、视觉艺术、戏剧的舞台。1980 年代，咖
啡馆搬到现址。阿尔格瑞说："我们必须倾听彼此。我们必须尊重彼此的
习惯。我们必须分享真相与正直，这些来自诗人慷慨的声音。"这间小馆
儿一直保持着赛诗会的传统，不断有新的诗人来自新的岁月，他们是拉
美文艺在美国的传奇。

不明的灯，墙上画了庞大的面孔，更为庞大的忧郁。另有一些穿白

新波多黎各
诗人咖啡馆

风衣深沉的来者，就像不停进入这道黑门的来者。就要开场的，是星期
五的赛诗会。

　　拥挤着，在掉漆的吧台向黑人姑娘要一杯龙舌兰。

　　之后，墙是赤裸的，方寸舞台、一盏明灯、一只话筒。有酒，有爵
士，有恰如其分的黑，有杯子边轰然掉落的盐；有人席地而坐，有人静
立，有人跳舞；有人已醉一半，有人在灯下打开第一页纸……

### 拉妈妈剧院（La MaMa Experimental Theatre Club）

74 E 4th St

➾ **纽约剧团（New York Theatre Workshop）**
79 E 4th St

➾ **让－米歇尔·巴斯奎特最后的家**
57 Great Jones St

➾ **人行道咖啡馆（Sidewalk Café）**
94 Ave A

➾ **马蹄铁酒吧（Horseshoe Bar, 7B，Vazac's）**
108 Ave B

➾ **麦当娜第一个公寓**
234 E 4th St

➾ **卡茨熟食店（Katz's Delicatessen）**
205 E Houston St （Ludlow St）

➾ **新波多黎各诗人咖啡馆（Nuyorican Poets Café）**
236 E 3rd St

# 小意大利 / 苏荷 / 切尔西
## LITTLE ITALY / SOHO / CHELSEA

## 教父不在桑树街

突然身陷晴天人海。老房子施了厚脂粉，上了油彩浓妆。都是欢喜颜色。一天旗帜招牌，一地食肆密布。铺张咖啡露台，遮阳伞泛滥的光亮的蘑菇。当街穿行的侍者，热烈的意大利语。有花香、纸烟、冰水，奶酪缱绻、葡萄酒酸楚。剪不断的游客、异乡人的目光。

桑树街（Mulberry St）没有忧伤的位置。

露天咖啡馆

"小意大利"发端于桑树街，起初叫"桑树弯"（Mulberry Bend）。《纽约》杂志描述它是"孤立的那不勒斯村子，有自己的语言、风俗、金融和文化机构"。历史上，这里并不是纽约城最大的意大利社区，却是最穷的。纪实摄影家雅各布·里斯形容它是"纽约贫民窟污秽的核心"。从1900 年代开始，有组织犯罪就成为小意大利的一部分。一个世纪，五代黑手党家族操控这里的犯罪活动。1969 年，马里奥·普佐把这些人、这些事写成小说。1972 年，弗朗西斯·科波拉把这一切拍成了电影，他们用了同一个名字：《教父》。

走，心中配了尼诺·罗塔的音乐。

一间几乎没有标识的教堂，红砖、白十字，朴素极了。小径、野花、浅草、圣像。

教堂名字是"圣血"（Church of the Most Precious Blood），纪念的是圣雅纳略，4 世纪时的那不勒斯主教，殉道者，罗马天主教圣人。他的血，至今保存在那不勒斯主教座堂的一个玻璃瓶中。

1926 年 9 月，来自那不勒斯的移民聚集在桑树街，感怀圣雅纳略，感怀传统。于是就有了一个节日——圣雅纳略节，从 1 天到 11 天。在最后一夜，圣血教堂的弥撒结束，深夜 2 点，圣人偶像会被民众举着，一路穿行小意大利的街道。

电影《教父Ⅱ》，在圣雅纳略游行中，维托跟踪并刺杀了唐·法鲁齐。此人的原型是 1890 年到 1920 年代操控小意大利的大佬伊纳吉奥·卢波，绰号"狼"。《教父Ⅲ》，老教父维托的孙子，安迪·加西亚扮演的文森特·科里昂，也是在圣雅纳略节，当众杀了对头乔伊·札萨。这个虚构人物身上有三位真实黑手党的影子，包括 1980—1990 年代早期小意大

利的操控者，甘比诺家族大佬约翰·高蒂。

除《教父》外，这一节日还出现在许多其他电影中，包括马丁·西科塞斯 1973 年的《残酷大街》。

门无声，香烛余味，半空几盏灯。

祭坛也简单，没有多余的辉煌。

角落，许多夸张的假花，一束追光下的圣母像。

只有一个祈祷的人，在一群空椅子尽头，静默。

现在，圣雅纳略节已是一个街头节日，血浅了，教父也只一襟晚照，主角是美食、美酒。

圣血教堂圣母像

比如此时，这道门外，我面对的桑树街。我等待的路口，这家叫费拉拉（Ferrara）的面包房。它过度装饰的大门、繁复的霓虹灯。人行道，嵌一块精致的砖，上写：始于1892。

小店，一个家族，五代人经营。门口已有咖啡香，一堂甜蜜。玻璃背后都是美丽的点心：提拉米苏、朗姆巴巴、千层酥、比斯科蒂，还有叫"伊莎贝拉"的巧克力蛋糕……

最荣耀的是他家的坎诺利（Cannoli），里根吃过，有照片为证。

买一支薄荷味的吉拉托，冷。

从格兰德街（Grand St）游荡到勿街（Mott St），小意大利的边界，现属唐人街的地盘。一连串失色的店铺，繁体汉字招牌，卖柴米油盐酱醋茶，鲜货干果，味道强烈。太阳混了鱼腥，败坏的海水，榴梿的无辜，烧鸭身上一颗油脂的坠落，苍蝇的厌倦，在一颗樱桃身上渐渐流逝的时光。满眼的不洁和坚忍。

《教父 I 》中，这条街是维托·科里昂被素洛暗杀的地方。当时，维托从杰柯橄榄油公司的办公室出来，走到路对面，停在137号的小店买水果。之后，两名暗杀者出现并向他开枪。

眼前，已是一家华人药房。味道苦涩。一架神秘小抽屉，致幻的名字：半夏、忍冬、杜若、独活、豆蔻、决明子、木蝴蝶……

出来，手中多了几钱"忘忧"。

不远的水果摊掉了一只橙子，沿着街的倾斜滚动，缓慢静止。电影中，维托中枪倒地的镜头是以上帝视角呈现的，画面唯一的暖色是一地打翻的橙子。此后，在《教父》故事中，橙子就是征兆，就是有什么要发生了，比如杀戮。

买下这只橙子，血橙，落荒而逃，逃回桑树街。

没有涂鸦的街区就像没有创伤的心灵一样无趣。倚墙的女招待不屑地掐灭了烟蒂，转身，进了桑树街酒吧（Mulberry St Bar）。

旧时，小馆儿叫"Mare Chiaro"，意大利语，意思是"清水"。从1908 年开始，就有着某种社交俱乐部的氛围，从未改变。黑手党猖狂时，酒吧在小意大利扮演着重要角色。

不大的地方，墙、锡皮屋顶、壁炉的横棍、镜子，都来自从前。挂了太多肖像与合影，照片中的人以家人的目光注视不停进入的陌生人。

**桑树街酒吧**

厅堂一角，安排着一间电话亭，油腻不语的听筒。看得见隔壁厨房，威武的比萨师傅和真正的炉火。这个时候，只有一桌酒客，消磨不去。

一百年的酒客中有里根、有麦当娜……

一台点唱机，可以听法兰奇·瓦利、猫王、弗兰克·辛纳屈。

电影钟情那些看得见时光流逝的地方，加上它看起来有罪的样子，不发生点儿什么是说不过去的。所以，1997 年的《忠奸人》，约翰尼·德普和阿尔·帕西诺在这儿见面。伍迪·艾伦的《影与雾》，德尼罗的《黑夜与都市》，西恩·潘的《魔鬼警长地狱镇》，都有小馆儿的戏份。还有《教父Ⅲ》。


一个神色凶狠的男人走进来，坐上靠门的黑皮凳。姑娘一笑，倒酒。栗色吧台，随着电视屏幕变幻色调，填满纵横划痕。他敲一下手指，杯子就滑了过来，苏格兰威士忌。一饮而尽，接着陷入长时间的沉默。就像有人刚刚开出了一个他无法拒绝的条件。

单说小馆儿，还是有一种抑制不住的平民气质。地面有年代的裂纹，墙板也旧了，可是不会让人过分注意，没有故事夸张的烙印，不染功名，不沾暮气。跟从时代，若无其事。尽小馆儿本分，而已。


向北，两个路口，有一条街叫"春天"（Spring St）。街角的德萨维奥小花园，有花、草地、梧桐和奔跑着的童年。很快走过了，就看见新的店铺，墙上的小画，画中的蒙娜丽莎和她手中托着的比萨。写着：微笑，在隆巴迪（Lombardi's）。

1897 年的一间小杂货店。1905 年开始卖比萨，号称全美国第一家比萨店。

"隆巴迪"门口

老馆子必有的热络。一堂客人，守着一个个银盘子。点了最简单的饼，带着烟火、麦香、新鲜番茄、整片的 Mozzarella 干酪。不说美味，难得是质朴。

乱行。小意大利是一层包装纸，是被观看和被消费的，早已不提供生活了。而，发生过的都是安全的。怀旧就是那种经久不息的燃料。教父是小意大利的修辞，拟人的记忆。

无论如何都要回到桑树街。必须有所了结。

作为"教父"，就一定要在教堂。

面前，太阳直落在老圣帕特里克教堂上。1815 年的哥特复兴建筑，教区教堂，重要地标。也是《教父Ⅰ》和《教父Ⅲ》的场景。马丁·西科塞斯 1973 年的电影《残酷大街》，描述的是小意大利的街头生活。大部分场景在好莱坞，而其中一场罗伯特·德尼罗和哈维·凯特尔的对手戏，却是在教堂的庭院拍的。

仰望，刺目灼热。


有力量的地方都有自己特别的时空。比如教堂。

所有廊柱、长椅的排列，这些坚定的笔直和顶端的弯曲，这些灯和彩色玻璃，影子都是低垂的，视角都是俯瞰的，就像一切处于某种注视之下。

《教父Ⅰ》，老教父维托去世后，麦克就是在这里，在康妮新生子的洗礼上，加冕成为新一代教父。电影中，与这一仪式交替出现的，是敌人们被一一清算屠杀的画面。


      彩色玻璃、灯，昏暗平静，恰如其分。

      除了祭坛前的科里昂家族，一片空旷。盛满灵魂的空空如也。

      管风琴声、婴儿哭声，萦绕。

      圣像、烛光。

      白衣神甫为孩子施洗礼。仪式。大段意大利语祷文。

      神甫：麦克，你相信上帝吗？全能的天父，万物的创造者。

      麦克：我相信。

      神甫：你相信耶稣基督，他的独子，我们的主吗？

麦克：我相信。

神甫：你相信圣灵，神圣的教堂吗？

麦克：我相信。


管风琴声、婴儿哭声、意大利语祷文，萦绕。


神甫：麦克·科里昂，你弃绝撒旦吗？

（史特基家族首领安东尼·史特基从电梯出来时，被彼特·克雷曼沙枪杀。）

麦克：我弃绝。

（拉斯维加斯大亨莫葛林，在按摩时被不知名杀手将子弹射入右眼而死。）

（库尼欧家族首领欧提里欧·库尼欧，离开旅馆时被困在旋转门中，被射杀。）

神甫：包括他所有的作为吗？

麦克：我弃绝。

（塔塔基利亚家族首领菲利浦·塔塔基利亚，在旅馆与女人约会时被罗可乱枪打死。）

神甫：包括他所有的虚伪？

麦克：我弃绝。

（巴西尼家族首领——杀害桑尼的人——艾米利欧·巴西尼，在法院前被艾尔·奈瑞假扮的警员枪杀。）

神甫：麦克·科里昂，你愿意当他的教父吗？

麦克：我愿意。

圣水洒下。

神甫：愿主与你同在，阿门。

钟声……

离开，在倾泻的光线下留一只血橙。

完结了。教父不在桑树街。

始终笼罩这条街的是背景中帝国大厦遥远的伫立。

丰盛密集的意大利符号，红油赤酱，味道十足。整个街区是一枚庞大的纪念章，满是布景、道具、演员，桑树街是空心的，是一个毫无思想不知忧伤的美人，取悦于你。

圣血教堂（**Church of the Most Precious Blood**）
109 Mulbery St

费拉拉咖啡馆（**Ferrara Café**）
195 Grand St

桑树街酒吧（**Mulberry Street Bar**）
176 1/2 Mulberry St

隆巴迪比萨店（**Lombardi's**）
32 Spring St

老圣帕特里克大教堂（**Old St. Patrick's Cathedral**）
264 Mulberry St

# 切尔西的灼伤

切尔西，下着雨。

北至 30 街（30th St），南至 14 街（14th St），东至第六大道（6th Ave），西至哈德逊河，整个疆界，都是水的味道、掷打之声，是迷茫。

19 世纪后期，这里曾形成一个剧院区，以派克歌剧院为标志，西 23 街一度是美国戏剧中心。切尔西也是电影默片时代的中心。获第二届奥斯卡最佳女主角奖的玛丽·毕克馥就曾在 26 街一座兵工厂的顶楼拍戏。

多年后，当苏荷被奢侈品店入侵，地价飞升，画家群体被驱赶，切尔西收留了他们。此地成为新的当代艺术前沿，许多画室和超过 350 家画廊。罗宾美术馆（Rubin Museum of Art）以西藏艺术为主题，涂鸦艺术实验室（Graffiti Research Lab）关注街头艺术、行为艺术，纽约生活艺术剧院（New York Live Arts）、乔伊斯剧院（Joyce Theater）是现代舞领地。

切尔西居民成分复杂，也是纽约著名的同性恋区。

西 23 街，慢慢湿了。相机、取景器、镜头中深渊样的光孔，慢慢湿了，包括它看到的一切：连绵不绝的旧公寓，窗，黑梯子，遥远的水塔，墙，补丁状的色块，呆板的涂鸦，所有建筑底层挨挤的商家，裁缝铺，洗衣房，理发店，蔬果摊。必须在雨中行走的人，举着伞或赤手空拳。慢慢湿了。

一次冗长的红灯，之后，穿过第七大道。

在抵达之前，切尔西酒店（Chelsea Hotel），慢慢湿了。

它是维多利亚哥特式建筑，铸铁阳台，交错的向日葵纹样，已沉浸在一种致命的情绪之中。


"'切尔西'从未乏味过，哪怕是在最后一天。"

1884 年，酒店开张，是纽约第一幢高达 12 层的公寓建筑。也是第一个有屋顶套房的公寓。250 个房间，住过世界无数文艺家。

必须有足够的耐心才可以听完这份房客名单。

作家：马克·吐温、欧·亨利、狄兰·托马斯、萨特与波伏娃、托马斯·沃尔夫、查理·布考斯基……

电影人：斯坦利·库布里克、美国先锋电影之父乔纳斯·梅卡斯、《飞越疯人院》导演米洛斯·福曼、简·方达、伊森·霍克、乌玛·瑟曼、"花边教主"泰勒·曼森……

音乐人：感恩而死乐队、帕蒂·史密斯、"地下丝绒"的约翰·凯尔、皮雅芙、鲍勃·迪伦、平克·弗洛伊德、吉米·亨德里克斯……

画家：拉夫·吉布森、弗里达与迭戈·里韦拉、威廉·德·库宁……

摄影师：布列松、罗伯特·梅普尔索普……


在这儿：

凯鲁亚克修改《在路上》，柏洛兹写出了《裸体午餐》，狄兰·托马斯纵酒而死，纳博科夫结束了英文小说《左斜线》开始了《洛丽塔》，阿瑟·克拉克创作了《2001 太空漫游》。1962 年，阿瑟·米勒与梦露分开后，

住进"切尔西",直到 1968 年。他写了剧本《沉沦之后》和《维希事件》,还有一篇《切尔西影响》,描述他在酒店的生活。

　　在这儿:

　　1966 年,安迪·沃霍尔拍了《切尔西女郎》。

　　1986 年,阿德里安·莱恩拍了《九周半》。

　　1986 年,亚历克斯·考克斯拍了《席德与南茜》。

　　1994 年,吕克·贝松拍了《这个杀手不太冷》,以酒店房间作为公寓内景。

　　2001 年,伊桑·霍克执导了独立电影《切尔西墙》,谈论新一代艺术家的挣扎。

　　2008 年,阿贝尔·费拉拉执导了纪录片《濒危的摇滚圣地》,讲述"切尔西"往事。

　　2009 年,一部日本恐怖片就叫《切尔西酒店》。

　　在这儿:

　　1978 年 10 月 12 日,性手枪乐队贝斯手席德·维瑟斯的女友南茜·斯庞根被人用匕首刺死在酒店,维瑟斯受到二级谋杀指控。此前数月内,他们经常聚众吸毒、狂欢。在保释期间,维瑟斯因吸入高纯度海洛因而死于开庭前。

　　1980 年代早期,麦当娜曾住在"切尔西"。1992 年,她回到这家酒店,在 822 房间为她的书《性》拍照。2010 年,泰勒·曼森为主唱的漂亮的鲁莽乐队也在同一房间拍摄了 MV《让我想死》。

　　莱昂纳多·科恩在《切尔西酒店2号房间》中唱："你说你更喜欢英俊的男人，但，你会为我破例……在凌乱的床上，你向我凑过来，而窗外，正是熙来攘往……"

　　鲍勃·迪伦在《萨拉》中唱："切尔西旅馆的那些不眠之夜……"

　　凯伦·安在《切尔西的灼伤》中唱："我倾尽麻烦 / 你倾尽名声 / 街是沙漠味道 / 因为他们正扑灭火焰 / 而切尔西的灼伤 / 切尔西的灼伤归咎于我……"

　　丹·伯尔尼在《切尔西酒店》唱："我依然闻得到手指上的烟味儿 / 我的呼吸挥发着毒品、酒和性的恶臭 / 我睁开眼就像它们闭上了多年 / 所以我不会错过接下来会发生什么……"

　　一道窄门，两片玻璃。大堂，小到留得住故事，藏得下秘密。古董样的前台，倦怠欲睡的门房。墙，多曲折，挂满画，画着马、植物、裸体女人、海岸、欢娱的场面、看起来走投无路的人。浓烈的、清淡的、不可卒读的。来自各种各样相距遥远的心灵。在所有被粉饰的缝隙中，有被容忍的疯狂，正在滴落的时光滋味。

　　来往的，有一夜过客，比如那个离去的衣冠楚楚者；有长住的艺术家，比如这个走向电梯的散漫姑娘，她对他人意志的漠视，而整个世界的存在只因这一刻她睁开了眼睛。

　　"切尔西"是最接近焰火的地方。无数灿烂连着无数灰烬，短暂、寂寞、萍水相逢、直接，没有过渡。

　　1960年代，安迪·沃霍尔手上有一批漂亮的男女青年，出现在他的作品中，裹挟在他的"工厂"和所有私人生活中。像一团纽约的欲念，

切尔西酒店楼梯

践行沃霍尔的格言："在未来每个人都能出名 15 分钟。"他叫他们"超级明星"。

1966 年，沃霍尔拍了商业上最成功的前卫电影《切尔西女郎》，当年在美国 100 多个影院放映，还获了独立电影奖。

毁誉参半。

誉：它是 1960 年代的文化宣言。

毁：沃霍尔没有什么要说，也没有什么技巧可以用来说。他只是想拍电影。

电影记录了几个住在切尔西酒店的年轻女人的生活。当然，还有作为生活一部分的男人。

一夜，"麦克斯"的后室，沃霍尔在一张餐巾纸的两端写下"B"和"W"，以一条线连起。他说："我想拍一部长电影，一侧全是黑，另一侧全是白。"黑白既是视觉概念也是内容区别。

　　那年夏天和秋天，电影在酒店的不同房间和地点拍摄，同时也在沃霍尔的"工厂"拍摄。出场人物大约20个，演员多是"沃霍尔超级明星"：尼可、布里吉特·柏林、杰拉德·马蓝加、埃里克·爱默生等。沃霍尔以平均每周33分钟的速度拍摄。

　　他们选出最具冲击力的12个片段，以"分割画面"方式，两台16毫米放映机同时放映，将完全不同的画面并置在同一块银幕上。音轨只有一个，由两个片段的对白交错剪辑而成："白"——生活的光明与纯真，"黑"——生活的阴暗与烦扰；片长3小时15分。地下丝绒的音乐。毒品、死、性、同性恋、变装癖；悲伤、喜悦、冷漠、浮华、迷醉、空空荡荡、消磨。

　　画面右上角。黑白。烈日下的厨房。镜头晃动。漂亮女人，对着圆形镜子，剪眼睛之上的头发，小心、坚决。之后，她倒了一杯牛奶，喝下。然后，对着相同的镜子，剪同一片头发，梳理、剪、梳理、剪，镜子背面的反光多次让画面成为一片浓烈的白色。她从未满意，不停地剪，享受自己的偏执。仿佛她并非在剪头发，而是剪头发上的光。偶尔有孩子和男人进入画面，说话、玩儿。制造一种家庭气氛，打断她的剪刀，并掩盖着什么。另一次间歇。女人喝水、看杂志；之后，剪同一片头发；之后，她捡拾脸上身上的碎头发、碎光，吹向厨房中看似正常的一切。

　　女人叫尼可（Nico），原名克里斯塔·帕夫根。

　　美貌横扫了一切，美貌横扫着一切，美貌将横扫一切。

　　她，1938 年出生在德国科隆。13 岁时在西柏林著名的"迪威百货"卖内衣，之后，开始模特生涯。1.78 米身高，轮廓分明，肤如凝脂，尼可迅速成为炙手可热的超模。流言中，尼可在 15 岁时曾被一名美国空军强暴。她的歌《秘密的一面》暗指了这次强暴。

　　她去了巴黎，为《她》《时尚》等杂志工作。17 岁，她得到香奈儿的合同，但放弃了。因为，她要飞往纽约。

　　在拍了几个电视广告后，她染指电影。跟着李·斯坦伯格学习表演。1959 年，在《甜蜜的生活》片场，尼可引起了费里尼的注意，她得到一个小角色，演她自己。

　　阿兰·德隆与罗密·施耐德相恋时，曾与尼可有一段情。1962 年，尼可生下一个男孩"阿里"，阿兰·德隆的儿子。德隆一直否认。

　　1963 年 12 月，尼可在纽约的蓝天使俱乐部第一次以歌手的身份登台，演唱了爵士经典《我可笑的情人》。

　　是滚石乐队的吉他手布莱恩·琼斯把尼可引见给沃霍尔的。她开始参与拍摄一系列实验电影，除《切尔西女郎》外，还有《衣橱》《日落》《效法基督》。

　　沃霍尔经营"地下丝绒"的时候，提出让尼可以"女歌者"身份加入乐队。几个男人勉强同意了。他们一起演出了沃霍尔著名的《不可避免的塑料爆炸》。1967 年，乐队出了第一张唱片《地下丝绒与尼可》，尼可担任主音唱了三首歌。合作并不愉快。尼可在化妆室超长的准备时间，以及开场前燃烧蜡烛的仪式经常拖延表演，让路·里德愤怒。由于尼可部分耳聋（一只耳朵），有时跑调，也受到乐队其他人的嘲笑。

　　1967 年，尼可单飞了。在鲍勃·迪伦、蒂姆·哈丁、杰克逊·布朗、路·里德、约翰·卡尔一大批音乐人帮衬下，她出了专辑《切尔西女郎》（*Chelsea Girls*）。

其中，单曲《切尔西女郎》由路·里德和斯特林·莫里森创作。歌中细数了发生在切尔西酒店的一系列丑闻：妓女、毒品、性虐。以 7 分钟的长度表现了 1960 年代反文化运动的黑暗面。

在加州，尼可与吉姆·莫里森斯混过一段，莫里森鼓励她自己写歌。她称莫里森是她的"心灵兄弟"。

1969 年，她出了专辑《大理石路标》，自己写了词、曲。

1970 年代，尼可在各地演唱并参与了法国导演菲利浦·加莱尔的 7 部电影。他们住在一起，她成为他的电影与私人生活的中心。

1979 年，尼可曾一度回到纽约，并在 CBGB 表演。

此后，她持续漂流着，在欧洲各地演出。

尼可视自己为一个传统的波希米亚艺术家。过流浪生活，在不同国家。不贪恋一地方，不留恋一个人。德国、法国、美国、英国，无论故乡，无论他乡。

尼可的海洛因毒瘾超过 15 年，也被形容为一个种族主义者。她不在乎。

1988 年 7 月 18 日，尼可和儿子阿里在伯利兹度假，骑自行车时死于心脏病。

阿里回忆："我妈妈告诉我她需要去城里买大麻。她坐在镜子前，在头上围一条黑色围巾。她注视着镜子非常精心地围着围巾。骑车下山时，她说'我很快就回来'。"


伞闭上的声音，一个男人，一行水印，他选择了楼梯。铜栏杆上湿了指纹。盘旋的台阶总会萦绕着什么。脚步，接着，钥匙、门声。消失的人。到顶，12 层，是一块长方形天井，光，苍白，因为雨，因为滴落

完全无法把握的节奏。

有一部分影像在《切尔西女郎》中被剪掉了，伊迪·塞奇威克（Edie Sedgwick）的影像。

有的人生来就是为毁灭，除了毁灭，没有别的办法。

1966 年 3 月 15 日的《时尚》杂志中，有一个新模特，伊迪·塞奇威克。这个女孩迅速成为"当代青年文化"的代表。

伊迪，出身显赫，出身悲惨。

塞奇威克是马萨诸塞州的名门望族。祖上先辈曾是《美国独立宣言》的签署人之一。

伊迪生在加州，八个孩子中的第七个。她的父亲是雕刻家、慈善家，经营牧场。在家，他专横、无情、折磨所有人。伊迪极为痛苦。父亲公开与其他女人有染。有一次，她撞见父亲和一个情人做爱。

由于情感问题，伊迪患上厌食症并导致终生的饮食失序。

童年，她在父亲的牧场中成长，几乎与世隔绝。13 岁辗转于寄宿学校，由于厌食问题而不停中断学业。1962 年来到纽约州，入院治疗。之后，她和一名哈佛学生恋爱，怀孕，接着堕胎。

1963 年，伊迪来到麻省的康桥学习雕塑。之后，她连续失去两个哥哥。一个不堪忍受父亲而自杀，一个死于车祸。

1964 年，伊迪来到纽约。

*"我来纽约看我所能看到的东西。"*

她想做模特，她开始吸毒。

1965 年 3 月，伊迪在一次聚会上遇到了沃霍尔。沃霍尔立即被伊迪的身世和美艳所吸引，邀请她来自己的"工厂"。她来时，沃霍尔正在拍根据《发条橙子》改编的电影 *Vinyl*。这是一部全男性电影，沃霍尔还是把伊迪加了进去。他已经决定将伊迪打造成明星。为此，他构想了一系列电影，包括《可怜的小富家女》《餐厅》《面孔》《下午》《厨房》。

沃霍尔的电影只在工厂及一些地下剧院放映。伊迪却出名了。主流媒体大肆报道她在电影中的表现。

"我这么演因为我想这么演。如果人们喜欢，很好。如果他们不喜欢，那是他们的问题。"

人们热衷的还有她不一样的时尚品位。伊迪经典形象：烟熏妆、黑色紧身裤、短裙、超大的水晶耳环。她把长发剪短，染成银色，与沃霍尔戴的银色假发相配。

"时尚从根本上是一场彻底的闹剧。操纵它的人都是变态，风格样式被疯子创造出来，一些天生的怪胎。我知道这一点因为我做模特时周围都是这样的人。

"我给自己做了一个面具，因为我没有意识到我还是挺漂亮的。这是上帝给我的。我几乎毁了它。我戴上沉重的黑色睫毛像蝙蝠的翅膀，画深色眼线，把头发剪短，我的黑色长发，染上金色银色。

"我并不是反叛。我不过是试图寻找另一条路。"

沃霍尔叫她"超级明星"，两人出入各种社交场合。1965 年年底，

两人开始交恶。

"说起这个艺术家，无论什么，我都会有点儿紧张。这就像在他的双眼之间钉钉子，但是他罪有应得。沃霍尔真的毁了一大批年轻人的生活。就是在'工厂'我被引诱染上强力毒品。"

伊迪不让沃霍尔放映她的影片，为《切尔西女郎》拍摄的部分也从片中拿掉了。

1964年12月，伊迪与鲍勃·迪伦相遇。当时迪伦和未来的妻子萨拉住在切尔西酒店，同时与琼·贝兹依然纠缠着。

伊迪与迪伦是好友，传闻他们之间有一段情，但没有证据。迪伦非常不赞同她的生活方式以及她与沃霍尔的关系。他多次试图警告伊迪，沃霍尔非常危险。伊迪一次次不听劝告，迪伦厌倦了，忍无可忍。因为，她自己不肯帮自己。1965年年底，迪伦秘密地娶了萨拉。

1966年2月，在伊迪和沃霍尔的一次争吵中，沃霍尔告诉她，迪伦已经结婚了。而她并不知情。这让伊迪感到来自迪伦的背叛。同时，这次争吵也导致了伊迪与沃霍尔最后的决裂。沃霍尔也感到背叛，来自伊迪和迪伦。

离开沃霍尔后，她开始住在切尔西酒店。许多年后，伊迪的哥哥透露，伊迪曾说他为迪伦打掉过一个孩子。迪伦一直否认他们有肉体关系，只承认他们相识。不过，两方都没有证据。

1965年，伊迪同时进入沃霍尔与迪伦的世界，一年后，他们都走了。尼可取代了伊迪。迪伦与萨拉搬往伍德斯托克。

"你一边孤独地活着，一边创造你的人生。"

曾有算命者给伊迪看手相，告诉她，她的生命线很短。
她说："没事儿，我知道。"

伊迪开始依赖麻醉镇静剂巴比妥盐。伊迪与迪伦的好友鲍比·纽沃斯在一起了，但最终因为伊迪反常的举止行为和吸毒而分手。此后，1967 年，伊迪在拍地下电影《你好，曼哈顿》时健康恶化，进入不同的精神病院。1971 年，她嫁给一个病友，也曾一度戒毒。之后，又开始纵酒和滥用毒品。1971 年 11 月 15 日，在参加了一场时尚聚会后，伊迪宿醉，再没有醒来。死因是巴比妥盐过量及酒精中毒。

"我反复提及'死'这个字……把它当作……根本的关系，相反地，所以如果我太多谈论'死'，这意味着我关心的是生活。这是真的。"

鲍勃·迪伦的歌《就像一个女人》写的是伊迪，而《犹如滚石》据说也是以她为灵感而作。在"地下丝绒"第一张唱片《地下丝绒与尼可》中，尼可演唱的《致命女人》，说的也是伊迪。1991 年奥立佛·斯通执导了电影《大门》。有一个情节，莫里森参加工厂的聚会，被引领着去见沃霍尔。途中，他被一个美丽的女孩吸引，而这个女孩也毫不迟疑地吻了他。这个女孩就是伊迪。当莫里森与沃霍尔交谈时，沃霍尔给他看一个黄金电话，说："有人给了我这个电话……我想那应该是伊迪，…… 而她说我可以用这个电话和上帝说话，但是，嗯…… 我没什么好说的……所以……这个给你……现在你可以和上帝说话了。"

回到西 23 街。走远，转身。

"切尔西"在那儿，像一个有着惊心动魄过去的女人，穿了年轻时的衣裳，一袭褪色波希米亚长裙，站在时间的前列。那么迷人，那么无能为力。

雨还在下，单调如尼可低吟的歌声：

现在她们来了 / 她们在奔跑 / 现在她们来了 / 切尔西女郎……她的完美爱情不可能长久 / 她的未来死在某人的过去之中。

**切尔西酒店（Chelsea Hotel）**
222 W 23rd St

# 书在路上，人在尽头

1912 年 4 月 15 日深夜 2 点 20 分，泰坦尼克号裂成两半，沉入大西洋。凌晨 4 点，卡帕西亚号抵达海难现场，救起 710 人，驶往纽约。3 天中，这艘船经历了浮冰、大雾、风暴、惊涛骇浪。18 日晚 9 点 30 分，在大雨中，在 4 万人的注视下，卡帕西亚号泊在了切尔西 54 号码头。

此刻，54 号码头，空无一人。

太阳坚硬。哈德逊河漂着枯燥的光和正午的平静。有热风、春水气味。有船过，轮机、汽笛声。有相隔遥远的堤岸。

54 号在第二次世界大战中曾是军港，战后用于货运。现在，它是哈德逊河公园的一部分。夏季，码头上有免费电影和音乐会。"切尔西"的码头有一长串，连绵的离别之地。走过 10 个，从 64 号码头转身，面向岛屿，走入西 23 街。

离河不远，旧公寓，防火梯乱影处，是光天化日下的"哈夫金"（The Half King）。

这里是塞巴斯蒂安·云格尔开的小馆儿。这个人是《名利场》及《ABC 世界新闻》记者，关注战争。1997 年他写出了《完美风暴》。2007—2008 年，他加入阿富汗的美国陆军第 173 空降战斗旅，与驻守在卡林哥山谷雷斯特雷波前哨站的士兵出生入死。"那里没有熟食，没有一般年轻人喜

哈夫金咖啡馆

欢的事物，没车，没女人，没电视，什么都没有，只有战斗。他们逐渐学会喜爱战斗。"

2011 年，他拍的纪录片《雷斯特雷波》获奥斯卡奖提名。

灯火吧台迷离时。"哈夫金"还尽着知识分子小馆本分。比如，墙上来自普洛米·巴苏的照片，已是摄影展的第 32 个系列。比如，门边的一纸约定，与一本叫《苦涩布朗克斯》的书和它的作者。

"哈夫金"有出色的露台。凌驾在人行道宽阔的水泥表面，突兀明亮。一群人痛饮咖啡、酒、烈日。时而，咫尺外半空中有轻轨进站，一切开始震荡，杯子、刀叉、盐。下车、上车，人尽了，车也远了。一切平复。

了结一杯双倍埃斯派索。在下一班车到来前，离去。

路口，第十大道。宽阔、无趣，看不见深沉的东西，毫无想象。

除了，高楼底下发光的小饭馆。全金属外壳，就像一盒狭长铁皮罐头。背后墙上写了一个大字："吃"（Eat）。

"帝国餐车"（Empire Diner），1946 年开张，后艺术装饰风格。1976年，整修时在屋顶加上了帝国大厦模型。小的改动引来了文艺人群。大卫·鲍依、斯普林斯廷、麦当娜、伊桑·霍克、茱莉娅·罗伯茨、斯皮尔伯格、芭芭拉·史翠珊、凯特·温斯莱特。餐车也是《曼哈顿》《黑衣人》《法律与正义》的场景。

可惜，那个模型早已不在了。

店堂就是一节车厢，黑白马赛克地板、不锈钢吧台、飞蛾样的灯盏。下午，清淡一刻，只两三个停靠的女人，守着几杯虚无的液体，看窗外的过客，犹如火车飞驶之际。

向南，走过街角花园，一地树影、梨花，散碎金银。奔跑的孩子、空秋千，一种松动。还有，尽头、角落，一面爬满藤蔓的墙，属于"192"——一间以地址为名的独立书店。

"192"，素面朝天，只待知己。

不同于美式大连锁书店的"盒子"感受，这儿更像一个私人图书馆。小而舒适。干净、单纯，书是唯一的主角。定期有画展和作者见面会，不收钱，但要预订。见得到普利策奖得主简·斯迈利，还有写《午夜的

孩子》《撒旦诗篇》的萨尔曼·拉什迪。

　　书掉落的声音，拾起，莫里哀的剧本《无病呻吟》，还给站在梯子上的主人，一笑，放回属于它的空隙。

　　有书相陪的生活，总不算太坏。

　　游荡也会厌倦，不过，是非常短暂的情绪，走到西 19 街时，我已原谅了这条路。

192 书店

此时，目光的 45 度角，一个类似厂房的地方，灰色铁门，镂空小字："厨房"（The Kitchen）。

"厨房"是一处身份复杂的前卫艺术空间。1971 年，在格林威治村，视频艺术家伍迪·瓦苏卡、斯坦纳·瓦苏卡夫妇租下"默瑟艺术中心"的厨房，作为放映空间。"厨房"迅速向其他艺术敞开，混搭了舞蹈、音乐、文学、电影、戏剧、行为艺术。1977 年，罗伯特·梅普尔索普在这里举行了第一次摄影展，名为《色情照片》。葛林·布兰卡、琳达·伦茨的无浪潮乐队在这儿演出。摄影师辛迪·舍曼、行为与装置艺术家维托·肯锡、画家吉吉·史密斯、实验音乐家罗瑞·安德森、编舞家伊丽莎白·斯特莱布都是出身"厨房"。也说不完。

"厨房"1974 年曾搬到苏荷，1987 年再搬到"切尔西"的现址。它有一个 155 座的"黑盒"剧场，一个展厅。

摒弃了多余的曲折、装饰，空间简单切分，黑、白、灰。离开场还早，剧场的黑，空荡迷人。排练的地方，黑色壁板隔开，传来感人至深的对白。一个舞者从幕布后走出，带着超现实主义表情，极富向往。在每个角落都听得见的萨克斯，响亮、轻率，却找不到出处。

必须有偶然与巧合，不经意又不可避免的一眼，比如，"厨房"对面，我注视着的意外的画廊，庞大玻璃后面某个人极力捍卫的空白。深陷空白的画，看画的人。

——走过，多为情色。意义明确的、不明的。

找到西 20 街 545 号时，太阳出现了怜悯的表情。门，台阶，这棵日本枫树，都显露出丰富的细节。

凯鲁亚克家

"一朵花／在悬崖边／
向峡谷点头示意。"

1951 年 1 月，凯鲁
亚克和第二个妻子琼·哈
维特租下了这座红砖公寓
的一个单元。在这儿，他
艰苦地写着《在路上》。

由于需要不停地给打字
机换纸，他的思路不停被打断。作家非常恼火。4 月初，他想出一个办
法，将一张张绘图纸裁切、粘连起来，形成一个 37 米长的纸卷，装入
了打字机。

"第一次遇到迪恩是在我与妻子分手后不久。那时……"凯鲁亚
克写。

20 天，他不停地写。

在厨房的桌子上打字。在一种看不出季节与昼夜的光线下。

极少睡觉。

哈维特偶尔会出现，带着可以让他醒着的东西：

咖啡、豆子汤、酒。

4 月 25 日，他完成了书的绝大部分。整个手稿 12 万字，不分段，没有逗号，很少句号。

金斯堡形容这部手稿是"一个长达几个街区的壮丽段落，滚动起来就像路本身"。

这是凯鲁亚克的传说。

事实上，1947 年，他第一次长途旅行时，就带着小本子，一路记写。1948 年开始，他写了几个最初版本的《在路上》。1957 年出版前，书稿也做过大量修改与重写，删除了被认定为色情的性描述，加入某些文学化内容。删除的段落后来形成了另一本书《科迪的梦想》。《在路上》出版时比原稿要短，所有重要人物用了化名。

是的，凯鲁亚克也必须妥协。

1957 年，凯鲁亚克曾写信给马龙·白兰度，希望他可以出演迪恩，作家自己出演萨尔。白兰度没有回应。后来，华纳兄弟出价 11 万美金购买版权，被凯鲁亚克的经纪人拒绝。他们希望以 15 万的价格卖给派拉蒙，但没有成交。1980 年，科波拉以 95 000 美金买下电影版权，试过多个方案，包括让伊桑·霍克出演萨尔，让布拉德·皮特出演迪恩，但都没有实现。在看过《摩托日记》之后，科波拉决定让沃特·萨勒斯执导这部电影。萨姆·赖利出演萨尔，加勒特·赫德兰出演迪恩。电影参加了 2012 年戛纳电影节，获金棕榈奖提名。

《在路上》影响深刻。

摄影师罗伯特·弗兰克受这本书启发拍出了《美国人》。

大门乐队的键盘手雷·曼扎莱克在《我的生活与大门》中说："我想如果杰克·凯鲁亚克没有写出《在路上》，大门乐队也不会存在。"

鲍勃·迪伦说："它改变了我的生活就像它改变了所有其他人的。"


2007 年 8 月，书出版 50 年的时候，维京出版社推出了手稿版《在路上：最初的纸卷》，恢复了删掉部分，人物用了真名。凯鲁亚克——萨尔，金斯堡——卡罗·马克斯，威廉·柏洛兹——老布尔，尼尔·卡萨迪——迪恩。


回到 1951 年。

那时，并没有人想出版这本书。6 月，凯鲁亚克与妻子分手，搬回了北卡罗来纳与母亲生活。他找到一份铁道轫员和火警了解员的工作，不停穿梭美国东西海岸，谋生。


西 20 街拉长了影子，静静，等待日落。走，走过房子、树、车流、一部手稿的长度，带着没人听见的轰响。


1968 年，凯鲁亚克出现在电视节目《火线》中，谈论 1960 年代的反文化运动，他显然是喝醉了，那是他最后一次公开露面。

1969 年 10 月 20 日，佛罗里达的圣彼得堡。早上 11 点左右，凯鲁亚克坐在他最喜欢的椅子里，喝威士忌，构思一本关于他父亲在马萨诸塞洛厄尔家乡印刷店的书。他突然觉得胃疼，习以为常的事。他冲进卫生间，开始大量吐血，向他第三个妻子喊："史黛拉，我在流血！"最后，他被救护车送到医院。血持续从他的嘴里涌出。晚上，一场手术试图闭合裂开的血管，但他受损伤的肝已无法凝血。凯鲁亚克死在第二天清晨 5 点 15 分。死因是肝硬化引起的内部出血。他被葬在家乡的埃德森公墓。

手稿版《在路上》的编辑乔治·莫拉提迪斯这样介绍这本书：

"首先，这是一个关于失去的故事。如果你仔细读，这种失去和汹涌的悲伤写在每一页上。"

突然面对第七大道，滚滚而来的黄昏。

如此，没有酒是收不了场的。问过客，他坚定地指着那个匆匆路口。

"彼得·麦克马纳斯！"

19 街角，1936 年的爱尔兰小馆儿，是纽约最老的家庭酒吧之一。

伍迪·艾伦在这里拍过《那个时代》。

他说。

橘色光、尼尔·扬的歌、点唱机、静音的电视新闻。吧台是一条旧磁铁，吸着几个锈钉子样的酒客，各怀心事，冷暖自知。这个黑衣黑帽，右眼蒙黑眼罩的家伙，一直盯着鱼缸中游泳的鱼。都是男人，除了在电话间喋喋不休的姑娘，她手中的酒和杯中樱桃。吧台拐角，是个用瓶子喝啤酒的人，他始终看着窗外的街，深陷思想。酒保添酒，收留一桌子的光阴。

喝酒的人来了，走了。鱼游过了大海，樱桃回到了种子。在思想者的空啤酒瓶上，夜幕降临。

彼得·麦克马纳斯咖啡馆

潜行，在切尔西。

太阳没了，可是，我有一只打火机。

### 哈夫金咖啡馆（The Half King）

505 W 23rd St

帝国餐车（Empire Diner）

210 10th Ave

192 书店（192 Books）

192 10th Ave

厨房（The Kitchen）

512 W 19th St

凯鲁亚克旧居

454 W 20th St

彼得·麦克马纳斯咖啡馆（Peter McManus Café）

152 7th Ave

中 城

# 百老汇 / 时报广场 / 第五大道
## BROADWAY THEATER DISTRICT / TIMES SQUARE / FIFTH AVENUE

## 倾尽粉墨、戏到荼靡

舞台小馆儿（Stage Delicatessen）永远消失了。

1937 年的百老汇路边铺子，绝无虚荣。卖布林斯卷饼、面丸汤、大个儿的三明治。它是伍迪·艾伦 2003 年电影《奇招尽出》的场景。桑德拉·布洛克和休·格兰特在《两周情人》中，也在这里品尝纽约的味道。

一去不返。

饮尽半杯朗姆，在崭新的爱尔兰酒馆——驿马车（Stagecoach），不负这个名字，鲜衣怒马，阳光沉醉。

也不愁故事，因为，门外就是百老汇大街（Broadway St）。

高楼、车流、店铺、落寞不明的霓虹、路人，全部蒙着一层白日的昏迷。有的街只在夜晚苏醒，只在戏里活着。

百老汇是南北贯穿纽约城的最老的通渠大道。

南起巴特里公园（Battery Park），一路向北21千米，穿过整个曼哈顿岛，进入布朗克斯，再向北绵延29千米，直到威斯特切斯特郡的沉睡谷（Sleepy Hollow）。通常，百老汇大街是指曼哈顿岛上的段落，历经繁华历经苍凉。而在中城，在42街与53街之间的一截，西至第六大道，东至第八大道，包括时报广场，属于真正戏剧概念的"百老汇"，有40家座位在500以上的大型剧院，与伦敦"西区"（West End）同为英语世界两大著名剧院区。上演最具商业价值、最流行的剧目。

41街和56街上的剧院属"外百老汇"，座位数在100~499之间，剧目成本低，风格更自由。以格林威治村为代表的"外外百老汇"座位少于100，剧目完全拒绝商业性，更具实验色彩，也最便宜。


1750年，纽约有了第一家剧院。19世纪末，纽约的戏剧活动主要在西23街、麦迪逊广场一带。1920年代至1930年代，大量剧院围绕着时报广场建造，从而形成今日百老汇的格局、规模。

早期，莎士比亚戏剧是百老汇的主角。爱德华·布斯因主演莎剧而闻名世界，被称作19世纪最伟大的"哈姆雷特"。1865年，他在"冬季花园"剧院曾连续演出了100场《哈姆雷特》。几个月后，他的兄弟——戏剧演员约翰·威尔克斯·布斯，在华盛顿的福特剧院刺杀了林肯。

1866年9月12日，根据浮士德故事改编的《黑钩子》（The Black Crook）首演，被认定为第一部现代音乐剧。《黑钩子》连演了474场，创造了纪录。1891年的《唐人街之旅》创造了连演657场的盛况，直到1919年被音乐剧《艾琳》以675场超过。1922—1927年，《艾比的爱尔兰玫瑰》演出了 2327 场，成为当时百老汇上演时间最长的戏码。

电影的诞生一度给戏剧界带来恐慌。应对这一局面，在"咆哮的 20 年代"，百老汇的音乐剧借鉴了风俗喜剧、音乐厅演出的形式，倾向于忽略情节而强调明星的作用，大场面的歌舞表演，铺排的布景和精致繁复的戏装。典型的 1920 年代音乐剧以轻松欢娱为主调，代表是乔治·格什温作曲的《甜姐儿》。

那个年代，戏剧界的大事是尤金·奥尼尔。《天外边》《安娜·克里斯蒂》《毛猿》《奇异的插曲》在百老汇的成功为严肃戏剧争得一席之地。也为田纳西·威廉斯、阿瑟·米勒铺平了道路。

同时，一批经典剧再度在百老汇复兴。莎剧《哈姆雷特》《理查三世》《无事生非》《奥赛罗》《罗密欧与朱丽叶》。萧伯纳、王尔德的戏剧也在此间上演。

大萧条岁月后，百老汇开始了一个新的黄金时代，标志是 1943 年的浪漫音乐剧《俄克拉荷马》（Oklahoma），连演 2212 场，创造票房神话。从 1950 年代，百老汇音乐剧繁荣夹带着文化震荡。1960 年代末，百老汇陷入低谷，延续在整个 1970 年代。这一区域治安混乱，剧院萎缩，剧目产量大减。1982 年，一批戏剧人发起了"拯救剧院行动"，开始了百老汇的复兴之路。"剧院区"逐渐成为纽约最热的旅游目的地。人们来百老汇看戏，看纽约，看美国。

在百老汇，剧目上演时间越长越虚荣。《歌剧魅影》是最长的一部。之后是《芝加哥》《猫》《狮子王》《悲惨世界》。

真正坐落在百老汇大街上的剧院，只有五家：侯爵剧院（Marquis Theatre）、方圆剧院（Circle in the Square Theatre）、皇宫剧院（Palace

Theatre)、冬季花园剧院（Winter Garden Theatre），以及，我正走过的百老汇剧院（Broadway Theatre）。

深色大理石外表，现代、简单。

这间1924年的剧院，开始时只放电影。1928年，上演了迪士尼的动画片《汽船威利号》，从此，美国观众认识了米老鼠。1940年代，百老汇终于成为舞台剧院。1979年，韦伯的《艾薇塔》在这间剧院首秀，由帕蒂·卢波与曼迪·帕汀金主演。1987年，另一部英剧《悲惨世界》登上百老汇剧院，4年后，由于要为《西贡小姐》提供场地，这部戏转入帝国剧院。此后的大戏还有《史莱克》《修女也疯狂》《灰姑娘》。

今天的戏码是《日瓦戈医生》。


向南，走，穿过52街、51街。磨蚀的斑马线、庞大密布的广告牌、楼顶、云端、警笛撕裂的风、玻璃幕墙的杂乱幻觉。

此时，一个穿米老鼠衣服的人走过了冬季花园。


1911年，舒伯特兄弟将一处马匹交易市场改造成剧院，起名"冬季花园"。最早登台的明星是鲁道夫·瓦伦蒂诺。1957年，在这里上演了《西区故事》，主演契塔·里维拉。1964年，《妙女郎》首演，21岁的芭芭拉·史翠珊扮演芳妮·布瑞斯，一举成名，并直接进入好莱坞，出演了同名电影，获了奥斯卡奖。1982年10月7日，韦伯的《猫》在这里首演。为了表现光倾泻下来的效果，使演员可以直接上升到剧院外，剧组花25万美元把屋顶打开一个洞。《猫》在冬季花园演了近18年。2001年才由《妈妈咪呀》替代，一演又是12年。2015年秋天，韦伯带着他最新的音乐剧《摇滚校园》再度来到"冬季花园"，举行全球首映。

总之，这是百老汇最赚钱的剧院。

百老汇的街要柔肠百转着游荡，每一条都有故事，都是一幕戏。

下一幕：西 49 街。

遇见 1921 年的大使剧院（Ambassador Theatre）。沉浮百年。1950 年代上演过《安妮日记》。从 2003 年至今，只演一部戏——《芝加哥》。漫长招牌缀着香艳的康康舞裙，路人都在裙底。走过多远，灯箱上的美女都始终直视着你，绝不放过。

接着，一段安静的路，圣马拉奇教堂（St. Malachy's）就在其中。

门开着，一半强光，一半暗影。

圣马拉奇，一座新哥特式天主堂，1902 年以来，一直在剧院区扮演重要角色，为演员、舞者、歌者提供精神慰藉。

1920 年代，百老汇繁荣，教堂重新调整了弥撒、忏悔等仪式的时间表，以适应演出行业的深夜档。主教堂的下方建筑了一座小的"演员礼拜堂"，晚间开放，许多演员上台前会来点几支蜡烛以祈求演出成功。乔治·柯汉、佩里·科莫、里卡多·蒙特尔班、格里高利·派克、艾琳·邓恩，一众旧时明星长年在此做礼拜。演艺圈的婚礼、葬礼也在这里。1926 年，鲁道夫·瓦伦蒂诺葬礼在圣马拉奇举行时，沿西 49 街有 10 万人为他送葬，是演艺史最盛大的葬礼。1929 年，琼·克劳馥在这里嫁给了第一任丈夫费尔·班克斯。

1968 年时，每月有超过 16 000 人来教堂。1970 年代，这一街区经历过一段黑暗岁月，按摩房、性店、限制级剧院、娼妓、毒品充斥。戏剧

圣马拉奇教堂

人和游客望而却步。许多居民搬离，留下老人和穷人。每周都有偷窃和罪恶发生。这一情况在 1970 年代末期才有所好转。

彩色玻璃、柱式、石头甬道、椅子、圣经、祭坛、基督。许多的小光明，外边的太阳，里边的灯。一角，女人点了蜡烛，跪下，祈祷。

最想得到宗教祝福的往往是最世俗的愿望。

百老汇，有无数梦想，有无数破碎，总要有一个地方，拾起什么，弥合什么，相信什么。

祈祷者

　　演出 15 分钟前，钟声会响，敲出的韵律被解读为"娱乐产业是独一无二的产业"。


　　下一幕：西 48 街。

　　在难看的停车场和无趣高楼之间，科特剧院（Cort Theatre）像一块塑刻精致的点心。

　　1912 年的老戏院。一百年，美人倾城。格蕾丝·凯莉 1949 年首次登台百老汇，出演了瑞典戏剧家奥古斯特·斯特林堡的《父亲》。转年，凯

瑟琳·赫本主演了《皆大欢喜》。1960年，简·方达以舞台剧《有一个小女孩儿》第一次惊艳出场。1998年，尼可·基德曼主演了《蓝房间》。2010年，斯嘉莉·约翰逊主演了阿瑟·米勒的经典《桥上风景》。

1963年，《飞越疯人院》在科特戏院上演，柯克·道格拉斯扮演麦克·墨菲。1969年，阿尔·帕西诺主演了《查理三世》。2014年，"哈利·波特"丹尼尔·雷德克利夫出演了《伊尼什曼岛的瘸子》。

下一幕，西47街。

1976年，电影《出租车司机》有一张海报。画面中，特拉维斯在西47街和第八大道的交叉口的西南角，双手插在口袋里，低头，向南行走，背后是一家成人影院。他的脚下踩着一句话："在这个国家每一座城市的每一条街，都会有一个无名之徒梦想着出人头地。"

此时，就站在这个路口。在混乱的人群中，面对来自他们的盲目的力量。成人影院不见了，现在是纽约观光车站。

片中，下一个镜头，他走进第八大道737号的色情小店"展示与倾诉"（Show and Tell）。就是在这里，内景拍摄时，罗伯特·德尼罗遇到了他的第一个妻子迪阿娜·阿波特，她在片中扮演那个柜台女孩。现在，小店也夷为平地了。

穿过，不停，听见德尼罗说："你是在和我说话，你是在和我说话……"

西47街，有两家剧院，都朴素。小一点的是"弗雷德曼"（Friedman），1925年开张，最有名的是1968年的经典摇滚音乐剧《毛发》。几步之外，就是"巴里摩尔"（Barrymore）。

1928 年的剧院，用了老明星埃瑟尔·巴里摩尔的名字，她在这里出演过若干剧目。1947 年，田纳西·威廉斯的《欲望号街车》在"巴里摩尔"上演，这是马龙·白兰度在百老汇最后的演出。和他演对手戏的是杰西卡·坦迪。坦迪 80 岁时因主演《为黛西小姐开车》获奥斯卡最佳女主角奖，成为这一奖项最年长的得主。1984 年，18 岁的辛西雅·尼克森第一次在此登台，多年后，她出演了《欲望都市》中的米兰达·霍布斯。

1995 年，22 岁的裘德·洛来到百老汇，在"巴里摩尔"出演了根据让·谷克多《可怕的父母》改编的《鲁莽》，扮演米歇尔一角，与凯瑟琳·特纳、罗杰·里斯、辛西雅·尼克森同台。因这一角色，他获得了托尼奖提名以及戏剧世界奖。他说："在内心深处，我知道自己想来纽约。"并"沐浴在百老汇的光辉之中"。而人们谈论更多的是他在舞台上的一场浴缸裸戏。

下一幕：西 46 街。

公寓、店铺混着，不喧哗也不乏味。像一段平静流水，有波光、树影、落花。"乔·艾伦"（Joe Allen），小得看不见。

1965 年的小馆儿，几十年都是百老汇演员们的果腹之地。在开场之前，或是曲终人散之后。小而平等，无论是合唱队的孩子，还是伊丽莎白·泰勒。1981 年，泰勒第一次登台百老汇，出演剧目《小狐狸》。落幕后，她总来小馆儿吃辣肉酱。伍迪·艾伦除了吃东西，还把小馆儿搬进了电影《双生美莲达》。

所以，来的都是知情者。比如，这个坐在吧台尽头看报的人，浑身是家中才有的慵懒。旁边厅堂的从容食客，坐同一张桌子，点相同菜品，怀着同一种期待。散布了黑白剧照，曾经的客人。

"乔·艾伦"

开张不久，一部叫《凯丽》（*Kelly*）的戏在百老汇上演，剧组送给老板乔一张海报。这部倒霉的戏只演了一场就下台了。

可，海报还是挂在了小馆儿墙上。此后，这成了百老汇的一个传统，凡不走运的戏码都来"乔·艾伦"贴一张海报。偶然，意外，小馆儿的善良玩笑。满满一墙。网站上写："你们记着成功者，我们深爱失败者。"

不速之客，也要喝一杯，杜松子。

隔过一幕，先说，西44街。

向东，穿过第九大道，已出了百老汇领地。432号的红砖房，从前是一间教堂，1955年，著名的"演员学校"（Actors Studio）搬来这里。其实，学校并不是真的学校，而是会员制的演员工作室。几十年的"学生"名单就是一袭名人榜：马龙·白兰度、玛丽莲·梦露、詹姆斯·迪

闲散酒客

失败剧目海报

恩、保罗·纽曼、阿尔·帕西诺……说不完。导演李·斯坦伯格从 1948
年开始担任艺术指导，直到 1982 年去世。学校在西好莱坞有分部，阿
尔·帕西诺现在是学校的主要负责人之一。

西 44 街，在第八大道和第七大道之间，菌集了五家剧院。

第一眼就是那个著名的幽灵面具，海报附在每盏街灯上，一长列。
背后的建筑铺张着陈年的金色，如同它的名字：国王剧院（Majestic）。

1927 年开张，有 1645 个座位，是百老汇最大的戏院之一。著名大
戏有《旋转木马》（1945 年）、《南太平洋》（1949 年）、《卡米洛特》（1960
年）、《新绿野仙踪》
（1975 年）等。

1988 年 1 月 26
日，《歌剧魅影》在
国王剧院首演。此
前，剧院方花了百万
美金对舞台进行了整
修，只为这一部戏。
2012 年 2 月 11 日，

国王剧院

这部韦伯的音乐剧演了第一万场。现在，还在演，还没有完结。

国王剧院旁边就是"布罗德赫斯特"（Broadhurst）。

1917 年的老戏院。1935 年，亨佛莱·鲍嘉在《化石森林》中扮演了一个歹徒，之后他出演了这部戏的电影版本，开始银幕生涯。1969 年，伍迪·艾伦和黛安·基顿一起登台，演出了《呆头鹅》。

近年，这间剧院是男人的天下。2009 年，裘德·洛在这间戏院第一次出演了《哈姆雷特》。2010 年，阿尔·帕西诺主演了《威尼斯商人》。2012 年，剧院重排了《欲望号街车》，主演休·杰克曼。2013 年，布罗德赫斯特成为汤姆·汉克斯百老汇首秀，剧目是《幸运小子》。

"布罗德赫斯特"旁边是"舒伯特"（Shubert）。

1913 年的百年戏院。早时，以演莎士比亚剧闻名。要说的有三大美人和她们出演的剧目。1939 年，凯瑟琳·赫本出演《费城故事》；1966 年，费雯丽出演契诃夫的《伊万诺夫》；1975 年，英格丽·褒曼出演《装聋作哑》。

1962 年，19 岁的芭芭拉·史翠珊第一次登台百老汇，剧目是《我可以为你整批买来》。演对手戏的是埃利奥特·古尔德，二人就此陷入爱河，1963 年结婚。古尔德是东欧犹太人血统，在布鲁克林长大，1970 年代的反文化偶像，曾在《漫长的告别》中成功地演绎了雷蒙德·钱德勒笔下的私家侦探菲利普·马洛。他后半生最出名的角色是《老友记》中罗斯和莫妮卡的老爸。二人 1971 年离婚。

1975 年的音乐剧《歌舞线上》是"舒伯特"最成功的剧目，演了6137 场，一直演到 1990 年。

街对面，还有两家老戏院。恢宏的，"圣詹姆斯"（St. James），上演过《俄克拉荷马》和《子弹穿过百老汇》。细小的，"海伦海丝"（Helen Hays），是1920年代美国"小剧院"运动的诞生地。1979年之前，它就叫"小剧院"。

咫尺外，半空中，"撒狄斯"（Sardi's）的霓虹灯亮了。在这个明确的瞬间，黄昏降临。

西44街上的"撒狄斯"对于百老汇戏剧界的意义就如同藤街（Vine St）上的布朗德比饭店（Brown Derby）对于好莱坞电影界的意义。这间馆子曾被描述为"戏剧人的俱乐部、礼拜堂、休息室、邮局、沙龙和交易市场"。

1921年，意大利人文森特·撒狄开了一家饭馆，就叫"小饭馆儿"。之后，在剧院大亨舒伯特兄弟的邀请下，饭馆迁到了正在崛起的百老汇。

撒狄斯店堂

"撒狄斯"墙上的漫画

　　1927 年 3 月，"撒狄斯"开张。为了吸引客人，撒狄请流亡的俄国漫画家阿莱克斯·加德为百老汇明星画像，并把这些漫画像装饰在餐馆墙上。作为交换，加德每天可以免费吃一顿饭。第一个被画的人是风俗喜剧明星泰德·希利。1947 年，撒狄的儿子接手餐馆时想更改这一交易，被加德拒绝了，他继续以画像换饭食，直到去世。他一共画了 700 多幅。加德之后，先后有几位画家延续着"撒狄斯"的这一传统。迄今挂在墙上的漫画已达 1300 多幅。

　　无数变形的面孔，快乐着、忧伤着，统治着这个勃艮第红的厅堂。马上放弃了辨认画中人的欲望，它们是一种气氛，也无从开始，太多了。证据，身份，噱头。侍者引领的桌子对着汤姆·汉克斯。有一份只属于戏剧饭馆的菜单，晚餐分成两个时段："开场前"与"散场后"。戏还早，点了传统的意大利肉卷。

　　"撒狄斯"是众多剧目首演日的欢庆之地，是演员、媒体记者、剧评人的领地。这个"撒狄斯"圈子有个绰号："奶酪俱乐部"。老板撒狄

也是爱戏的人，为了符合百老汇的"戏剧时间"，饭馆很晚才打烊。对于"霉运期"的演员，撒狄是慷慨的。据说，詹姆斯·卡格尼潦倒时就总在这里赊账。另外，饭馆私密性很好。1940年代，嘉宝离开好莱坞时，所有记者都要采访她，在"撒狄斯"，她依然可以从容进餐。

1946年，当女演员安托瓦内特·佩里去世后，她的好友，戏剧制作人、导演布鲁克彭·伯顿在"撒狄斯"吃午饭时，忽生一念，要设立一个戏剧奖纪念她。于是就有了"托尼奖"。许多年间，"撒狄斯"是宣布托尼奖提名候选人的地方。1947年，第一届托尼奖把一个特别奖颁给老撒狄，以表彰他20年间为戏剧人士提供"家外之家"和"舒适的去处"。此外，"撒狄斯"也是"剧评人奖"的颁发地和诸多百老汇的仪式场所。

作为场景，饭馆出现在许多电影中，早时格蕾丝·凯莉的《乡下女孩儿》、克拉克·盖博的《并非为我》，后来伍迪·艾伦的《无线电时代》《金牌监制》。1983年，马丁·西科塞斯的《喜剧之王》中，暴发的罗伯特·德尼罗与脱口秀明星杰瑞·刘易斯一起吃饭。在1968年的恐怖电影《血手》中，由罗德·施泰格尔扮演的连环杀手，佯装演员和制作人出现在"撒狄斯"。那场戏中，老板撒狄也露了一面儿，当时杀手要求老板把电话拿到桌上，他给警察局打电话，奚落负责调查连环杀人案的侦探长。

沾染了故事的食物是难以判断的，比如，刀下的肉卷；无关饥饿、无关享乐，是别的东西。

出门就是夜。百老汇一次真正的苏醒。黑暗淹没了所有在白日无法摆脱的细节和过场。你看到的，是百老汇需要你看到的：剧院的霓虹名字、射灯下的海报、明亮的票房、等着入场的看戏人。

　　沿第八大道，回到上一幕：西 45 街。

　　路口就是"约翰·戈登"（John Golden）。1927 年的剧院，不大，805 个座位，上演严肃戏剧。可说的是，1956 年，贝克特的《等待戈多》百老汇首秀就在这里。之后，就是 2003 年，著名的托尼奖剧目《Q 大街》首演。2011 年，一部叫《平常心》的戏在戈登剧院开幕，讲述 1980 年代纽约同性恋人群及艾滋病患者的生活。其中有个同性恋活动家的小角色托米·波特莱特，扮演者是《生活大爆炸》中的"谢耳朵"吉姆·帕森斯。他说，正如贝克特和布希纳的戏剧给他的感觉一样，这部戏的人性与张力吸引了他。

百老汇午夜

"戈登"旁边就是"雅各布"(Jacobs)。

1927 年的戏院。这里是几位大明星的首秀之地。1954 年是朱莉·安德鲁斯，剧目《男朋友》；1988 年是麦当娜，剧目《猛犁田》；2006 年是朱莉亚·罗伯茨，剧目《雨落三天》。

"雅各布"旁边就是"杰拉德·舍恩菲尔德"(Gerald Schoenfeld)。

1918 年的老戏院，早年上演过尤金·奥尼尔的《毛猿》。2009 年，由丹尼尔·克雷格和休·杰克曼一起出演的《连绵之雨》，创造了票房纪录。

"杰拉德·舍恩菲尔德"旁边就是"布斯"(Booth)。

1913 年的老戏剧，与舒伯特剧院连体。2014 年，重排的经典剧《象人》创造了"布斯"的纪录。

"布斯"对面就是"音乐盒"(Music Box)。

1921 的戏院，最初上演欧文·柏林的作品。1925 年，亨弗莱·鲍嘉在"音乐盒"登台，出演《老牛嫩草》。1926 年推出的《芝加哥》是百老汇现代版的母本。此外，"音乐盒"也上演卡尔·波特、乔治·格什温的作品。

"音乐盒"旁边就是今晚看戏的"帝国"(Empire)。

1923 年大戏院，1443 个座位。当时舒伯特兄弟掌控了百老汇一半以上的剧院，而"帝国"是王冠上的宝石。1920 年代演格什温的戏，1930 年代演卡尔·波特的戏。之后的名剧是 1972 年的《边边正传》。从 1990 年起《悲惨世界》在"帝国"上演，直到现在，直到今晚，灯火辉煌时。

帝国剧院

所以，黑，整个夜空只有小柯赛特凝视世界的眼睛。人是悲惨的，因为人是无辜的，因为人是有罪的。都是受害者，都是同谋。进场的人已然入戏了。

《悲惨世界》出自两名法国犹太音乐家之手。克劳德·米歇尔·勋伯格作曲，阿兰·鲍伯利填词。1980 年 9 月，该剧在巴黎首演，一共演出了 16 周。扮演冉·阿让的是法国演员莫里斯·巴里耶。1982 年，该剧英文版开始制作，由音乐家赫伯特·克雷兹莫填词，切沃·南执导。1985 年 10 月，《悲惨世界》在伦敦巴比肯剧院首演。在经历了最初负面的剧评后，大获成功。之后一直演下去，成为伦敦西区演出时间最长的音乐剧。2010 年，在伦敦皇后剧院上演了第一万场。

1987 年 3 月 12 日，《悲惨世界》来到纽约，在百老汇剧场首演，是

伦敦的原班人马。获得当年的 8 项托尼奖，包括最佳音乐剧。1990 年 10 月，该剧迁至帝国剧院，一直演到 2003 年 5 月 18 日，16 年，6680 场。

2006 年，《悲惨世界》复排，在布罗德赫斯特剧院演出至 2008 年。2014 年，《悲惨世界》再度启幕，回到帝国剧院。

到处是 18 世纪英国亚当风格的细节，天花板、墙，无比复杂精致。花或几何图形。长方形观众席，宽度大于深度，大多数观众感觉更接近舞台和演员。

即使在这个遥远的角落，这个绛紫色座位，即使不能正视革命者的目光。

开场了。激昂的主旋律，开始了。燃烧的曲子，铁皮的词。

知道每一个桥段，每一首歌，每一个句子，下一个句子，还是感动，有热血沸腾，有热泪盈眶。相信，其他看戏的人也一样。

掌声，先于这首歌，就是证据。

1980 年，法语版《悲惨世界》，阿兰·鲍伯利填词的这支歌叫《我梦想过另一个人生》（*J'avais rêvé d'une autre vie*）；1985 年，赫伯特·克雷兹莫填词的英语版，歌名是《我曾有梦》（*I dreamed a dream*）。之后，它变得特别有名。

30 年，很多女人演过芳汀，唱过这支歌。

露丝·洛朗（Rose Laurens），1980 年巴黎版芳汀。她出生于 1953 年，波兰裔法国歌手。19 岁开始在摇滚乐队演唱，办过一些小型演唱会，出过单曲。那一年，她被《悲惨世界》导演罗贝尔·侯赛因选中，出演芳汀。音乐剧结束后，她推出了专辑《无理性》，其中的歌曲《非洲》流行于许多欧洲国家。

她的这支歌，带着下层社会的烟火气，一些旧时味道，一点风情。

帕蒂·卢波（Patti LuPone），1985 年伦敦版芳汀。她 1949 年出生于纽约长岛，从小接受专业音乐教育，1972 年毕业于茱莉亚音乐学院，即开始出演百老汇舞台剧。1975 年，她因在音乐剧《强盗新郎》中的表现获托尼奖最佳女演员提名。1979 年，卢波在韦伯百老汇版《艾薇塔》中出演伊娃·庇隆。而，这个角色招致了诸多批评，她自己也认为出演《艾薇塔》是她最糟糕的人生经验。排演中，她并不能认可编剧和制作方的价值观，感到孤立无援。无论如何，卢波依然凭此剧得到了托尼奖。1985 年，卢波成为巴比肯剧院英语版《悲惨世界》的第一个芳汀，同年因这个角色获得了劳伦斯·奥立弗奖。

之后，卢波往返于伦敦西区和纽约百老汇之间，出演了多部音乐剧。1993 年，她在伦敦排演《日落大道》，出演过气电影明星诺玛·戴斯蒙。她与韦伯的第二次合作，结果是不欢而散，她被韦伯中途开除，替换成了格伦·克洛斯。

2008 年，她因主演音乐剧《吉卜赛》第二次获得托尼奖。除音乐剧外，卢波还主演和客串了不少影视角色，比如《法律与秩序》《威尔与格蕾斯》《丑女贝蒂》等。

回到芳汀和这支歌，卢波这一版有一种弃绝感。

兰迪·格拉芙（Randy Graff），1987 年百老汇版芳汀。她 1955 年出

生于纽约布鲁克林，毕业于私立瓦格纳学院。格拉芙是影视演员，出演过电影《全面通缉》《吉屋出租》，NBC 的剧集《法律与秩序》等。格拉芙版的《我曾有梦》有些许的美国印记。

　　露西·汉塞尔（Ruthie Henshall），1995 年伦敦《悲惨世界》10 周年纪念演出时的芳汀。她 1967 年生于伦敦，毕业于莱恩表演艺术学院。1987 年以音乐剧《猫》首次出现在西区舞台。1988 年，汉塞尔在《西贡小姐》中出演一个酒吧女郎。1992 年，25 岁的汉塞尔开始在《悲惨世界》中出演芳汀。1995 年 10 月，在皇家阿尔伯特音乐厅，这部音乐剧最著名的版本产生。由于发行了 DVD，汉塞尔的芳汀也最为人知。国内盗版也多是这一版。同年，她因在音乐剧《她爱我》中的表现获得劳伦斯·奥立弗奖。之后，她还出演了《为你疯狂》《芝加哥》，以及根据科波拉电影改编的音乐剧《佩姬苏要出嫁》，韦伯的音乐剧《白衣女人》……

　　2008 年汉塞尔主演了由《悲惨世界》词曲原作者创作的新剧《玛格丽特》（Marguerite）。西区与百老汇，都一样荣耀。汉塞尔版芳汀有诗化倾向，喜欢声音的控制感，是另一种美好，另一种表达。

　　莉亚·莎隆加（Lea Salonga），2010 年《悲惨世界》25 周年音乐会上的芳汀。她 1971 年出生于菲律宾，7 岁时就出演了音乐剧《国王与我》，10 岁录制第一张唱片《小声音》，开始涉足影视表演和主持。1989 年，伦敦的制作人在很多国家同时寻找《西贡小姐》的主角金（Kim）。在菲律宾的试镜中，莎隆加演唱了《悲惨世界》艾潘妮的唱段《独自》（On my own）。在她唱出第一个音符时，她已获得了这个机遇。莎隆加以《西贡小姐》获得了当年的劳伦斯·奥立弗奖。1991 年，《西贡小姐》在百老汇上演，因同一角色，她先后获得了托尼奖、纽约戏剧委员会奖、外围剧评人奖、戏剧世界奖。除金外，1993 年，莎隆加开始在百老汇版《悲惨世界》中出演艾潘妮，并在 1995 年伦敦 10 周年纪念演出中受邀扮演这个角色。金和艾潘妮是莎隆加舞台生活的两个重点。除纽约和伦敦外，她也在菲律宾举行音乐会和演出。她还为迪士尼动画片《阿拉丁》和《花木兰》配唱。2001 年，《西贡小姐》在百老汇落幕。莎隆加开始出演一系列新的角色。

2010 年，在伦敦北格林威治体育馆，《悲惨世界》25 周年演唱会，莎隆加出演芳汀，演唱了这支《我曾有梦》。唯一的亚裔芳汀。她的外形与角色有点儿异质感。

这支歌的现实传奇属于苏珊·波伊尔（Susan Boyle）。2009 年 4 月 11 日，在第三届英国达人秀上，这位 47 岁的苏格兰大妈苏珊以《我曾有梦》打动世界，这段视频在"油管"（Youtube）上的点击超过一亿次。那晚是为梦想做注脚的表演，一个"老灰姑娘"的故事。她在这一年发行的同名专辑卖出 900 万张。苏珊大妈的偶像，也是韦伯的御用歌手依莲·佩姬也曾在 1993 年演唱过这支歌。

2012 年，新音乐电影《悲惨世界》中，安妮·海瑟薇版芳汀有着与音乐剧不同的表现，在片中出现的时刻也不同，在音乐剧中要早于《亲爱的女士》（Lovely Ladies）唱段。电影中是在芳汀沦落风尘之后，是为了强化戏剧效果。

台上的芳汀是加拿大犹太歌者凯茜·利维。毕业于美国音乐戏剧学院（AMDA），2006 年登台百老汇，先后出演了《发胶》《女巫前传》《毛

发》等剧目。同时，她也在伦敦西区表演。

《我曾有梦》被译成 21 种语言，有 31 个剧组演出录音版本，更多的翻唱版本，这里只说几个，几个唱过这支歌的女人。

戏继续，歌不停。描述是多余的，只有听。《我是谁》—《云端城堡》—《繁星》—《红与黑》—《于我生》—《只待明日》—《独自》—《一点小雨》—《带他回家》，最喜欢的，是冉阿让的唱段：

高处的上帝／听我的祈祷／我脆弱时／你总在那里……

许多人演过冉·阿让，说一个。

科姆·维尔金森（Colm Wilkinson）——伦敦西区 1985 年原版冉·阿让，也是 1987 年百老汇原版冉·阿让。一个持续 30 年的经典。

1944 年，维尔金森出生在爱尔兰都柏林郊外。母亲是歌者，参与一些戏剧演出。父亲承接沥青工程谋生，业余时间在乐队演奏。家中有 10 个孩子。维尔金森回忆童年的家总是充满音乐、诗、乐器。他跟从父亲工作，16 岁时去美国旅行，之后离开了家族生意，开始专业的音乐生涯。

维尔金森开始在几个爱尔兰乐队中演出。1972 年，他在韦伯都柏林版音乐剧《耶稣基督超级明星》中扮演犹大，并以此角色参与伦敦及英国巡演。1976 年，维尔金森参与演唱了音乐剧《艾薇塔》《变身怪医》的概念专辑。1977 年，他在北爱尔兰发行了第一张专辑，在排行榜上持续八周名列第一。1978 年，维尔金森代表爱尔兰参加了欧洲歌唱大赛，以一曲《为歌而生》获得第五名。

1985 年，维尔金森与韦伯再次合作，在塞德蒙顿音乐节上主演《歌剧魅影》并受邀在伦敦西区出演该剧。当时，维尔金森放弃了这个角色，而选择了在《悲惨世界》中出演冉·阿让。

1987 年，《悲惨世界》进入美国百老汇舞台。根据只能雇用当地演员的规则，美国演员工会拒绝维尔金森出演纽约版的冉·阿让。当时，制作人卡梅伦·麦肯托什表示，只有维尔金森出演冉·阿让，该剧才能上演，迫使演员工会让步。维尔金森也凭这个角色获得了海伦海丝奖、外围剧评人奖、戏剧世界奖，并获托尼奖音乐剧最佳男演员提名。

科姆·维尔金森版冉·阿让，从舞台形象到声音都具有极高的认可度。在他之后，约翰·欧文·琼斯、西蒙·鲍曼是两个著名的冉·阿让。2010 年，艾菲·鲍伊主演了 25 周年版《悲惨世界》，成为最新的歌剧版冉·阿让。开幕演出当晚，4 个冉·阿让同时出现，合作演唱了著名曲目《带他回家》。当然，最有名的冉·阿让们的聚会发生在 1995 年《悲惨世界》10 周年纪念演唱会上，世界 17 个国家的冉·阿让用本国语言演唱《你可曾听到人民的声音》，那时领唱的主角也是维尔金森。

1989 年，维尔金森受邀来多伦多，主演加拿大版的《歌剧魅影》，他与妻子迪德丽和 4 个孩子一起定居在这个城市。在他的音乐生涯中，他一直与妻子和孩子在一起，以避免家庭的分裂。

2002 年，维尔金森发行了一张唱片《我一些最好的朋友是歌》，收录了他个人最喜欢的曲目，包括音乐剧中的若干唱段。2007 年，维尔金森在加拿大进行了一次名为《百老汇与超越》的全国巡演，并在 2010 年发行了同名专辑。

《滚石》杂志的读者将维尔金森选为历史上最伟大的五位歌者之一。

2012 年电影《悲惨世界》中冉·阿让逃离苦役营，被所有人拒绝，

他敲响迪涅城的最后一道门，米里哀神父的门。神父是配角，很少唱词、镜头，几小段与休·杰克曼的对手戏。扮演他的正是科姆·维尔金森。

他不沾染酒、烟草、咖啡、奶制品，规律睡眠，坚持锻炼，在近70岁时依然音质出色。


台上的冉·阿让当然不是等闲。拉明·克林鲁，出生于德黑兰，12岁时，正是看了科姆·维尔金森主演的《歌剧魅影》而立志成为歌剧演员。2004年，他成为西区版《悲惨世界》中的学生领袖安灼拉。2011年，他终于成为西区新版冉·阿让。2014年起，他也是帝国剧院里的冉·阿让。


舞台上，冉·阿让死了。最后了，最后一首歌了。

所有人，活着的，已死的，演戏的人，看戏的人，唱：

"你可曾听到人民的声音，在夜晚的山谷回响，那是一个民族的音乐，翻越山岭得见光芒，人间苦难都尝遍，总有不死的希望，即使长夜漆黑，也将升起太阳……"


🚂 **舞台小馆儿（Stage Delicatessen）旧址**
834 7th Ave

🚂 **百老汇剧院（Broadway Theatre）**
1681 Broadway

🚂 **冬季花园剧院（Winter Garden Theatre）**
1634 Broadway

**大使剧院（Ambassador Theatre）**

219 W 49th St

**圣马拉奇教堂（St. Malachy's Church）**

239 W 49th St

**科特剧院（Cort Theatre）**

138 W 48th St

**弗雷德曼剧院（Friedman）**

261 W 47th St

**巴里摩尔剧院（Barrymore Theatre）**

243 W 47th St

**乔艾伦小馆儿（Joe Allen）**

326 W 46th St

**演员学校（Actors Studio）**

432 W 44th St

**国王剧院（Majestic Theatre）**

247 W 44th St

**布罗德赫斯特剧院（Broadhurst Theatre）**

235 W 44th St

**舒伯特剧院（Shubert Theatre）**

225 W 44th St

圣詹姆斯剧院（St.James Theatre）

246 W 44th St

海伦海丝剧院（Helen Hays Theatre）

432 W 44th St

撒狄斯（Sardi's）

234 W 44th St

戈登剧院（Golden Theatre）

252 W 45th St

雅各布剧院（Jacobs Theatre）

242 W 45th St

舍恩菲尔德剧院（Schoenfeld）

236 W 45th St

布斯剧院（Booth Theatre）

222 W 45th St

音乐盒（Music box）

239 W 45th St

帝国剧院（Imperial Theatre）

249 W 45th St

# 帝国心灵

无线电城音乐厅

忙音。号码空了。

可，依然拨那一串数字。从每一个抵达的城市，从随便一间电话亭。与世隔绝，就像现在，与世隔绝。黄页不堪崭新，烟渍咖啡，花烧着了，玻璃壁板上零乱字迹、不洁的话，奔跑，染了灯火辉煌。

灯火辉煌是"无线电城音乐厅"（Radio City Music Hall）。世界最大的室内剧院，绰号"国家秀场"。

1932 年 12 月，音乐厅开张，就在洛克菲勒中心。初时，电影是主角。从 1933 年

起，有 700 多部电影在这里举行首映式：《金刚》《玉女神驹》《蒂凡尼的早餐》《杀死一只知更鸟》《狮子王》《哈利·波特》系列……格里高利·派克、加里·格兰特、伊丽莎白·泰勒、凯瑟琳·赫本都是走红毯的人。也少不了音乐会和舞台演出。小提琴家帕尔曼，歌者艾拉·菲茨杰拉德、弗兰克·辛纳屈、约翰·丹佛、史蒂夫·汪达、史汀、席琳·迪翁在这里演唱。这里也曾举行格莱美、托尼奖、MTV 音乐奖颁奖典礼。《美国达人秀》等一众多电视节目在此录制。

电影《教父 I 》，麦克与凯看完演出，从西 50 街侧门走出无线电城音乐厅，凯从报摊上看到了头条新闻，维托被刺杀了。麦克冲进一间电话亭，拿起听筒，打电话回家。


挂上听筒，回到夜与人海。第六大道，始自下城运河街，向北终了在中央公园，官方名字是"美洲大道"，却无人记得。由于第五大道过于显赫，这条路注定得沦为陪衬人。虽然也万丈高楼，也无尽欢娱。

夜，四面八方。炙热。激流繁花。街上有飞驰的大声饶舌乐。楼群缝隙有月亮艰难升起。一辆等红灯的出租车，黄色铁皮倒影的公寓中，有人点亮了一盏灯。


游荡。摩天大楼不过是符号、气氛，除非你知道它是哪儿，它发生过什么。比如，面对的 1133 号，除非，你知道它是国际摄影中心，一些伟大作品正锁在高空中黑着的房间里。


1950 年代，四位战地摄影师死于非命。1954 年 5 月 25 日，罗伯特·卡帕踩响了一颗越南地雷。同一年，沃纳·比肖夫的汽车翻下安第斯山的悬崖。1956 年，大卫·西蒙在埃及拍摄苏伊士运河战争时，被游击队机枪扫射身亡。1959 年，丹·维尔死于飞机失事。

这一背景下，罗伯特·卡帕的弟弟康奈尔·卡帕决定将人文纪实摄影更具规模地展现给大众。1974 年，国际摄影中心成立。迄今，这里举行过 500 场影展，包括 3000 多位摄影师的作品。收藏了 20 世纪 30—90 年代最重要的纪实摄影作品，10 万件。尤金·史密斯、布列松、罗伯特·卡帕、阿尔弗雷德·艾森斯塔特、盖瑞·温诺格兰德、苏珊·梅塞拉斯……

1985 年，纽约摄影中心"无限奖"（ICP Infinity Awards）创立，旨在表彰杰出的摄影者。2001 年，摄影中心学校成立，提供不同摄影课程，每年有五千学生在这里学习。

照相机是心灵的工具，它向人类解释人类，向摄影师解释他自己。


转上西 44 街，第一幢有做派的石头建筑就是"阿尔冈琴"（Algonquin Hotel）。

1902 年的老酒店，重要的纽约文学地标。在它的"橡树屋"诞生了有名的俱乐部"阿尔冈琴圆桌"。1919 年，由《名利场》作家多萝西·帕克发起和罗伯特·本奇利、亚历山大·伍尔科特、乔治·考夫曼等一群剧作家、诗人、小说家、批评家、记者开始在这里聚集。他们在吃午餐的时候交换见解、讥讽、流言，戏称自己的圈子是"恶性循环"（Vicious Circle）。这些手握话语权的人严重影响了那时的美国文艺及作家，包括菲茨杰拉德和海明威。也是同一群人在 1925 年创立了《纽约客》，至今，酒店的客人都会得到免费的杂志。

1920 年代中期，"圆桌"的盛宴散了。酒店的文艺血统还在。1934

文艺酒店"阿
尔冈琴"

阿尔冈琴圆桌

年 4 月，菲茨杰拉德住在这里等着小说《夜色温柔》出版。1950 年 12 月，福克纳在"阿尔冈琴"的房间里，用铅笔在酒店便笺上写诺贝尔奖获奖致辞。

大堂、灯、壁板、植物、色调、气氛，都表明这是一个有自尊的地方，也有来自往事的傲慢。前台上方挂着几幅作家漫画，幽默也在。住客、侍者带着与环境吻合的从容不迫。阿尔冈琴圆桌直对大门，在一群桌子的中心，空着，刀叉、餐巾、鲜花，一尘不染。背景一幅画，画与这张桌子有关的人，画筵席未散时。

前台，睡着一只雍容忧郁的猫。

1930 年代开始，"阿尔冈琴"就有养猫传统，公猫都叫"哈姆雷特"，母猫都叫"玛蒂尔达"。这只是酒店的第 10 只猫，母猫，2010 年，她还在街头流浪，现在她有自己的名片、脸书、推特，专门有人为她回复邮件。

还有一个细节，酒店"请勿打扰"的牌子——写的是："请安静，正在写伟大的美国小说"。

沿西 44 街向西，路过"吉米的边角"（Jimmy's Corner）。

一间拳击主题的小酒馆。狭长吧台，灯红酒绿、靡靡之音、乱哄哄的男人。演员麦克·麦格雷迪曾在此做酒保。这里也是《纽约时报》书评人喝鸡尾酒的地方。

唤一杯威士忌，站着饮，一饮而尽。

下一路口，第七大道。

1955 年，摄影师丹尼斯·斯托克拍了一张著名照片：詹姆斯·迪

恩，穿黑风衣，领子立起，瑟缩着，双手插进口袋，抽烟，地上是他泡在雨水中的影子。他正走在第七大道上，他正在穿过时报广场（Times Square）。

凯鲁亚克《在路上》中写：

　　突然间，我发现自己已经到了时报广场，横贯美国大陆八千英里的旅程之后，我又回到了时报广场。车流如潮，正值交通高峰期，我那历经长途跋涉，对一切感到陌生好奇的目光又看到了纽约难以言述的疯狂，骚乱的喧嚣，成千上万的人为了赚得一个子儿终日奔波，做着疯狂的梦——掠夺、占有、失去、叹息、死亡，就这样，为在离长岛不远的那些可怕的城市公墓里寻找一块栖身之地。高耸入云的摩天大楼——美国大陆的另一尽头，在这儿诞生了有名无实的美国……

突然间，我已在时报广场。

广场位于百老汇大街、第七大道、42街交汇处，延至47街。绰号"宇宙中心""世界十字路口"，每天约有33万人穿过这个路口。

"时报广场"，太多人误读为"时代广场"，表达的却是更为准确的倾向。

1872年，此地是纽约马车业的中心，叫朗埃克广场。1904年，《纽约时报》搬入42街的摩天楼，那年4月8日，这里改名"时报广场"。这座楼被称为"时报广场一座"。1907年1月1日凌晨，一个巨大的水晶球从高处降临地面，象征新年伊始。从此，时报广场成为纽约人庆祝新年的主要地点。1913 年，第一条贯穿全美的"林肯公路"开通，东西跨越 13 个州，全长 5454 公里，路的东端点就在时报广场的东南角，西端点在加州旧金山市的林肯公园。

"时报广场迅速成为纽约的阿哥拉\*市集，人们在此聚集，等待着好消息，在此庆祝，无论是棒球世界联赛还是总统选举。"

时报广场人潮

---

\*　阿哥拉：意为市集。泛指古希腊、古罗马城市中经济、社交、文化的中心。阿哥拉通常为露天广场，人们在那里经商交易，谈论政治、哲学。雅典的阿哥拉市集最为著名。

1910—1920年代，弗雷德·阿尔泰尔、欧文·柏林、查理·卓别林都是时报广场的风云人物。这里也是犯罪和腐败的温床，从赌博到娼妓。1929—1933年的大萧条时期，时报广场一带成为危险的街区，坏名声持续了几十年。1960—1990年代早期，遍布脱衣舞厅、性店、成人剧院，这里成为纽约城市衰败的一个象征。

1960年，《纽约时报》就将42街位于第六和第七大道之间的街区形容为城里"最糟糕"的地方。电影《午夜牛郎》表现的就是这一时期的时报广场，粗暴、黑暗、绝望。情况在1970年代和1980年代更加恶化。到1984年，每年的罪案高达2300起，460多起谋杀与强奸案。警察不作为，置身事外，不想招惹麻烦。1980年代，商业建筑开始在中城的西部兴起。1990年代中期，朱利安尼任市长期间，着手清整这一区域。加强警戒，关闭色情剧院，驱逐不受欢迎的人，兴办旅游项目。周边街区逐渐变得安全清洁。大量的霓虹灯和荧光屏，密度媲美拉斯维加斯。金融、出版、媒体、影剧院、餐馆林立。美国广播公司ABC在时报广场设有演播室，直播《早安美国》。2011年起，时报广场为无烟广场，抽烟罚50美金。

镜头中：连绵的灯火通明的绝壁，黑水晶沸腾的糖果。夜空没有星星的位置，地上人群稠密、拥挤，又相距遥远。来自彼此的天涯、海角、远方。不同皮肤、面孔、表情、衣裳、步态、喧哗、体味、信物。陌生的句子在低空相遇、冲撞、粉碎。人们以孩子才有的天真，仰望空中庞大的屏幕，无数灿烂补丁，填补它们的影像。完美生活的广告：可口可乐、林肯车、酒、苹果手机。直播的战争：塔利班士兵死于荒原、伊拉克油井燃烧。逃亡，达尔富的女人鲜艳的衣裳，孩子手中的枪。令人欢喜或气馁的天气，艳阳、寒风和大雨。指数，纳斯达克 24 小时占卜。Lady Gaga 和歌声：我希望能闭上我放荡的嘴 / 我连衬衫都穿反？穿反了，宝贝 / 控制你的毒瘾宝贝 / 都说玫瑰虽美却刺人 / 而今晚我们都飘飘欲仙……

时报广场呈现的形态被描述为"迪士尼化"。这并不能取悦所有人，因为它极端商业、媚俗、低幼、消灭城市性格、粉饰贫乏。没人听这些废话。他们愿意看到这些穿了布绒外套的米老鼠、维尼熊、史莱克。没人介意衣服下面那些满头大汗求生的墨西哥人。

走进路边星巴克。墙上一块牌子"尤金·奥尼尔，1888 年 10 月 16 日—1953 年 11 月 27 日，美国最伟大的剧作家，出生地，那时叫巴雷特旅馆（Barrett Hotel）"。

1953 年，奥尼尔在一家波士顿的旅馆去世，遗言是："他妈的！我就知道，生在一个旅馆里，该死的，还死在一个旅馆里。"

带着一杯比夜晚还黑的咖啡，委身人海。穿过烧烤摊的浓烟和肉香、一长串画像的人、无家可归者、警察、地铁风声、在童车里沉睡的孩子。走到北端的"杜非广场"，一个小三角地带。阶梯状露天看台上，有不停入场的观众，看着永不落幕的大戏，一往情深。TKTS 票亭的红光中，有亲吻的情侣。在这个票亭人们可以买到百老汇当日的打折票，现在，为时已晚。

TKTS 票亭

　　黑暗中有两座雕像，远处的，第一次世界大战著名的随军牧师弗朗西斯·P. 杜非；咫尺外的，百老汇大师、美国音乐剧之父乔治·柯汉。一生写了21部音乐剧、500首歌，用美国音乐表现美国社会、美国生活、美国人。这个人就是20世纪初的美国精神，所以伫立于此。塑像背景巨大的荧幕变幻着美女、海滩、各种奢侈品。基底刻着柯汉的歌，一行沉没在黑夜的字："代我问候百老汇"。

乔治·柯汉像

　　1978 年，麦当娜来到纽约，带着一件大衣、一个衣箱和 30 块钱。她告诉出租车司机："把我放在一切的中心。"之后，她被拉到了时报广场。

　　广场在电影中不停地被毁灭。在《末日预言》中毁于太阳耀斑，在《天地大冲撞》中毁于流星引起的海啸。根据斯蒂芬·金小说改编的电视剧《末日逼近》中，这里完全被无政府状态统治。在《蜘蛛侠》中这里

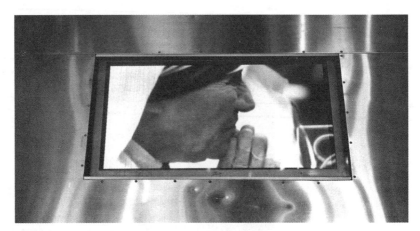

德兰修女

是战场，在《香草天空》中它又变得神秘寂静，汤姆·克鲁斯发现自己彻底孤独。在《我是传奇》中，威尔·史密斯带着狗于荒凉的时报广场中猎鹿。

2015 年，奥斯卡奖影片《鸟人》中，迈克尔·基顿被关在化妆间外，他被迫穿着内裤穿过时报广场，由于广场无法关闭，所以电影中都是真正的影迷和旁观者。导演伊纳·里图为了分散人群的注意力，特意请来一众街头鼓手。他说："游客还是想看鼓手表演。一个在时报广场上半裸的男人，这并不新鲜。"

换一个局外人视角，站在路边台阶。人群，经久不息，跨越午夜、凌晨。太多人不想睡去，也不期待黎明。每夜都是第一夜，每一夜都是最后一夜。

一块小屏幕在屋檐下，放黑白纪录片。关于德兰修女。她在加尔各答的街头，与被侮辱和被损害的人们在一起。她穿旧纱衣、凉鞋。她工作。此外，什么也没有。也没有声音，只有字幕，断续的她的话。

她说："如果我们不受苦，那我们所做的，都不过是世俗的。"

她说："我不瞻顾众人，我只照料个体。"

她说："去找他们，爱他们。"

**无线电城音乐厅**（**Radio City Music Hall**）
1260 6th Ave

**国际摄影中心**（**International Center of Photography** ）
1133 6th Ave

**阿尔冈琴**（**Algonquin**）
59 W 44th St

**吉米的边角**（**Jimmy's Corner**）
140 W 44th St

## 你感觉到来自地铁的风吗？

最后一节车厢，最后一面窗。远去的光，行进的枯燥，风，遗弃的报纸，叠起的今天，政客的脸。咖啡的河床，糖的褐色沙子。手机，白色的线，缝住的耳朵，歌声。皮肤、毛发、香水、蔻丹、高跟鞋的敲打、呼吸、低语。睡着的玫瑰，安静的刺。不知落向何处的目光，看看黑暗，看看光明。令人惊骇的思想，翻滚的心情，终于，没有人说出，这无能为力的一切。

"我去纽约是为了重生。当火车进入纽约城的地下隧道，牵带着管道和电线，我出离子宫进入产道。"黑色幽默作家库特·冯尼格特这样说。

1904 年，纽约有了第一条地铁，是世界最早的公共交通系统。现有 468 个站，373 千米，超过 6422 辆机车。一年 365 天，一天 24 小时，全年无休。

因运营商不同，分成 A、B 两个系统，共 24 条线路。A 系统（IRT），以数字编码，1 至 7 号线，加上 S 线（42 街驳线）。B 系统（BMT/IND），以字母编码，A、B、C、D、E、F、G、J、L、M、N、Q、R、S、Z，其中 S 也是两条驳线（富兰克林大道及洛克威公园）。

出站

地铁太重要了，无论谁，无论去哪儿，无论做什么。

　　独角喜剧表演者乔治·卡林的一个玩笑，说："在纽约，多数人没有车，所以如果你想杀一个人，你不得不坐地铁到他家。有时候在路上，列车被延误了，你也失去耐心，索性杀了一个坐地铁的人。这就是为什么有这么多的地铁谋杀案。"

　　"嗯，妈的，如果有其他选择，谁都不会坐地铁的。地铁是整个城市的缩影，设备动不动就坏，车厢里到处是肮脏的喷漆和一股尿臊味儿……"推理作家劳伦斯·布洛克在《八百万种死法》中这样描述。

　　现代涂鸦始于 1960 年的费城，1970 年左右，涂鸦中心转向纽约，特别是华盛顿高地一带。TAKI183 和 Tracy168*开始引起媒体注意。他们把自己的绰号以创意性字体写在公共场所。重要的是，他们"轰炸"了一列地铁，让列车带着彩色的签名穿过纽约的地下与上空。依赖地铁系统的可进入性和交互通达，涂鸦从风格到尺寸都在疯长。一大批涂鸦者涌现。那时捉襟见肘的预算，使政府无力清除这些都市的伤疤。1972 年，纽约市长第一次宣称发动针对涂鸦的战争。无奈，力不从心。

涂鸦开始与犯罪伴生，他们抢占地盘并与帮派缔结。许多人要求政府采取更严厉的措施。1980 年开始，警察加强了巡视，同时借助铁丝网、狗以及持续的清洗。对于涂鸦者惩罚加大，对于喷漆管制加强。

1980 年代后期，随着安全手段升级，涂鸦者在地铁的生存空间变得越来越小。1989 年，最后一辆"涂鸦列车"被清除出系统。涂鸦者并没有屈服。他们走上街头、屋顶、桥梁、高速公路、各种无主之地。执法者与涂鸦者的缠斗也从未停止。1995 年，市长朱利安尼成立了"反涂鸦特别工作组"专门应付涂写行为。禁止将喷漆罐出售给 18 岁以下的人。

慢慢地，涂鸦也开始进入主流。围绕涂鸦是否算艺术，触发争论。从 1980 年代起，博物馆和画廊开始认真对待涂鸦。许多涂鸦者在画廊中举行展览并拥有了自己的工作室，比如凯斯·哈令。一些店主雇用涂鸦者在店外的墙上或门上作画。

没有心灵到不了的地方，即使在黑色隧道，在万劫不复的暗地，都会有人渴望被记住。

就像刚刚闪过的银色签名，就像玻璃一角刻写的小字："冲出这个世

---

\* TAKI183 和 Tracy168：是艺术家的签名。

界，我要下车"。

汹涌的孤单，在每个人身边站着。

下一站，门开，走进这个正装的歌者。他开始唱汤姆·威茨的歌，声音像浸了波旁威士忌：

> 今夜我会见到你吗／在一列闹市的地铁上／每夜都是一样／你把孤独留给我／今夜我会见到你吗／在一列闹市的地铁上／我所有的梦想像雨落下／都落在这列闹市的地铁上……

从第一天，在地铁卖艺就是被禁止的。那时，在街头卖艺属非法。但，从第一天，人们就开始在地铁里歌唱、演奏乐器。纽约地下，没有人能阻止表达。直到1985年，这一禁令才被取消。同年，"大都会运输署"MTA启动了"纽约地下音乐"项目，安排音乐人在著名站点演出，包括进入通勤车终点站。当然，这些街头音乐家也必须申请并以竞争的方式赢得机会。当然，不属于这一项目的艺人也被允许在地铁表演。

许多音乐人就是从地下走上来的，走入了卡耐基音乐厅和林肯中心。包括在联合广场站演出，被叫作"锯夫人"的娜塔丽·帕鲁兹、人声合唱团"大苹果男孩儿"，小提琴家詹姆斯·格拉塞克，还有，在美国达人秀中引人注目的黑人女歌手艾莉丝·坦恩雷德利。目前，有超过100个单独乐手或乐队每周在25个车站表演超过150场。

下一站，门开，歌声断了。
有人在站台上更换着海报。

电影中，地铁场景是绝少不了的。1987 年的《侠胆雄狮》，男主角文森特住在地铁隧道之中，攀附在车顶上游荡城市。《午夜牛郎》有一个超现实场景，达斯汀·霍夫曼出现在地铁中。伍迪·艾伦的喜剧《香蕉》，史泰龙出演了两分钟的地铁流氓。动画片《芝麻街》，在这条虚构的街上有一个虚构的地铁站。还有《幽灵》《黑客帝国》《黑衣人 2》《蜘蛛侠》……

被文艺作品描述最多的三条线：6 号线、A 线、D 线。

6 号线，从布朗克斯到曼哈顿，又称莱星顿大道慢车。詹妮弗·洛佩兹，少女时代时经常乘坐 6 号线进入曼哈顿去上舞蹈课。1999 年，她第一张专辑取名就是《6 号地铁》。在 2000 年的电影《惊爆地铁》中，马克·沃尔伯格搭乘的就是 6 号线。

A 线是第八大道快车。最经典的是一首爵士乐歌曲，比利·斯特雷霍恩唱的《乘坐 A 线地铁》："如果你错过了 A 线地铁 / 你会发现错过了去哈勒姆最快的路。"

D 线是第六大道快车。1966 年，鲍勃·迪伦在《乔安娜的幻象》中唱着"那些整夜不归的女孩儿，低语着远处 D 线地铁上的冒险游戏"。让·巴斯奎特最初引起关注的涂鸦作品就是喷涂在 D 线地铁。2009 年，小野洋子的专辑《在我的头顶与天空之间》，第一首歌叫《等待地铁 D》，D 线地铁从 72 街经行，就在她居住的达科他公寓（The Dakota）对面，由于是小站，所以火车从未在这里停靠过。


下一站，门开，离去，注视列车的消失，最后一节车厢，最后一面窗。

西 57 街地铁站。漫长的台阶，深爱的黄昏。

卡耐基音乐厅就在那里。

有一个笑话。问："我怎么才能去卡耐基音乐厅？"答："练习，练习，再练习。"

几乎所有伟大的古典音乐家都曾在"卡耐基"表演过。马友友在美国第一次演出就在此地，那时 8 岁。

静默，听见心中《加布里埃尔的双簧管》。无端想起一个人，一次相遇。

埃尼奥·莫里科尼，1928 年生于罗马，当代电影音乐家。为许多极好的电影配过极好的音乐。《教会》《天堂电影院》《海上钢琴师》《美国往事》《不可触摸》《狂沙十万里》《摩西传》《嘉莉珐夫人》……

2001 年，在奥斯卡颁奖礼上，莫里科尼遇见了马友友。2004 年，世界上有了一张美好的唱片《马友友演奏埃尼奥·莫里科尼》。

音乐是人类有灵魂的证据，安慰的起点。


游荡，在暮色起时。

摆脱不了的百老汇大街。埃德·苏利文剧院（Ed Sullivan Theatre）外，一大群等候进场的人。巨大灯箱："大卫·莱特曼晚间秀"。

1950 年开始，这幢建筑是 CBS 电视台"50 号演播室"（Studio 50）。1953 年，娱乐主持人埃德·苏利文把秀场搬到这里，《埃德·苏利文秀》从 1948—1971 年，一共播出 23 年，是美国历史上最长的秀。

1956 年 9 月 9 日，猫王第一次亮相苏利文秀，一度创造了那时最高的收视纪录。

1964 年 2 月 9 日晚上 8 点，甲壳虫乐队首次出现在美国电视节目中。剧院有 728 个位子，想来的人达到 5 万。有 2480 万美国家庭将频道调至

苏利文秀，约有 7300 万人收看了这次演出。据称，在那一小时，全美国没有罪案发生。"甲壳虫"唱了五首歌：《我所有的爱》《直到你来》《她爱你》《我看见她站在那儿》《我想抓住你的手》。酬金 3000 美元。演出结束后，除了生病的乔治·哈里森之外，所有人去了 59 街的花花公子俱乐部。

1963 年 5 月 12 日，鲍勃·迪伦被邀上苏利文秀，他想唱《约翰·伯奇社会布鲁斯》，这个要求被制作人拒绝后，歌手拂袖而去，从未回来过。

1967 年 9 月 17 日，大门乐队面临苏利文的同样要求。他想让吉姆·莫里森演唱《点亮我的火》时，改变歌词。因为"姑娘，我们无法达到更高潮"有伤风化。可是，演出时，莫里森依然大声地唱出了这句歌词，不改一字。苏利文非常生气，对莫里森说："你再也别想在苏利文秀上演出。"莫里森回答："爱谁谁，老子就唱了。"

1971 年，由于收视率下降，CBS 停掉了节目，苏利文愤怒之下，拒绝做最后的告别演出。1974 年，他死于食道癌。

1993 年 8 月 30 日，第一期《大卫·莱特曼晚间秀》在这儿录制直到 2015 年。路口招牌一直有莱特曼狡猾的笑容。

转上西 54 街，找一个声名狼藉的地方。

1927 年，在西 54 街 254 号，开张了一家叫"加罗"的戏院。然而，大萧条来了，两年后戏院关门。几经易手，风雨飘摇了十几年，1943 年，这里成为 CBS 的演播室，录制和播出广播、电视节目。1976 年 CBS 搬家，将这里清空，出售。

1977 年 4 月，54 俱乐部（Studio 54）盛大开场。迅速成了世界最有名的夜店，红极一时的纽约文艺据点，前卫的、先锋的都来了。伊丽莎白·泰勒、达利、安迪·沃霍尔、波姬·小丝、麦克·贾格尔、迈克尔·杰克逊、埃尔顿·约翰、雪儿、杜鲁门·卡波特、戴安娜·罗斯、杰奎琳·奥纳西斯……

史蒂夫·汪达、詹姆斯·布朗都是"54"的歌者。

绝对虚荣，绝对浮华。曾有一次新年聚会，4 吨的彩纸被倾倒在地板上，形成了 4 英寸厚的纸毯，所有人像是站在"星尘之上"。这些彩纸在几个月后仍能在来者的衣服和家里发现。

1978 年，老板在报上宣称，"54"在一年之内挣了 700 万。并炫耀"只有黑手党比我们挣得多"。很快，俱乐部被查，老板被抓，罪名是逃税 250 万。1980 年 2 月，"54"关门，老板入狱 13 个月。1981 年，"54"重新开门。老客人如安迪·沃霍尔、加里·格兰特又回来了，表演者中出现了麦当娜。但由于艾滋病的阴影，大规模的狂欢时代已过。

从 1980 年代后期开始，"54"又开始经历易手更名，破产重开。

对面一块黑招牌，只写着"卡芭莱"（Cabaret），现在它是上演音乐剧的地方。

1998 年，有一部电影《54》讲述了这间夜店的故事。"54"也出现在 1996 的电影《我枪击了安迪·沃霍尔》中。

不过，又一场烟花。


遇见下一个地铁站，走下去，坐下一班车，随便的下一个方向。


下车，因为那个美丽的姑娘也下了车。跟从她，她的车站，中央车站（Grand Central）。

康内留斯·范德比尔特是旧时铁路大王，车站建造者。1913 年 2 月 2 日午夜，第一趟列车离开了站台，有了第一次离别。它是大都会北方铁路、地铁 4、5、6、7 号线，及 S 线的交汇点，44 个月台、67 个股道，无疑，是美国最忙的车站，也最有名。

跟从她，走在屋顶的星空下。

这是，1912 年，法国艺术家保罗·塞萨尔·埃勒画的。图中的天空是反向的，画家说这是从上帝的视角俯瞰星空，是神的角度。2500 颗星星。1998 年，人们无法容忍黏附在屋顶上的黑色污垢，怪罪于蒸汽火车和柴油机车的燃烧。着手清除时，发现这些不洁的东西几乎都是尼古丁。所以，香烟是等待最好的道具，现在，不可能了。

儿童作家玛丽亚·凯尔曼在她的书《下一站中央车站》里描述："在中央车站，你不能优柔寡断或者磨磨蹭蹭。每个人都急急匆匆，勇往直前，像疯子样呼啸而过，一个多么令人眩晕和惹人爱的地方。"

大厅中心，最显眼的地方是问询处和它的四面钟。表盘都是猫眼石的，算来值上千万美金。无数人在这里约定，见面，手握车票，开始点儿什么，结束点儿什么。

跟从她，走过过客。

中央车站的身份复杂。1939—1964 年，哥伦比亚广播公司 CBS 在车站设立演播室，许多重要事件从此播出。1963 年 11 月 22 日，肯尼迪遇

中央车站四面钟

刺一个小时后，新闻主播沃尔特·克朗凯特就在这里，向全美观众宣布"总统死了"。1954 年 3 月 9 日，爱德华·默罗主持的《现在请看》（*See It Now*）节目，对麦卡锡主义表达的质疑，是美国电视史最有争议性的播出之一。默罗的斗争及这一事件后来拍成了电影《晚安好运》，扮演他的是乔治·克鲁尼。

跟从她，就像她是知情者。

车站空间庞大，填充着许多店铺，人们得以消磨时光、抚慰欲望。抬头看到一只巨大的银色苹果，这一代的霸权主义。

刚走过的小馆儿叫牡蛎酒吧（Oyster Bar），1913 年时与车站一起开张的，积攒了一百年昏暗。隐约海水滋味，隐约连着远方和别离。

1968 年时，中央车站躲过一难。当时，铁路公司想拆掉车站一部分候车室，改建办公楼。对此，第一夫人杰奎琳·肯尼迪激烈反对，她说："这不残酷吗？让我们的城市渐渐死去，剥夺她所有光荣的纪念物。直到她的历史和美丽一片空白，没有什么可以指引我们的孩子。如果他们不能被一座城市的过去所激励，又如何能找到力量为她的未来奋斗？美国人关心他们的过去，但是为了短暂的利益便可无视它，可以推倒所有有意义的东西。也许，现在是采取行动的时候，以扭转局面，以免我们最终沦为一个钢铁与玻璃盒子统治的世界。"

有一个神秘站台，61 号站台。

它是存在的。富兰克林·罗斯福、阿德来·史蒂文森、道格拉斯·麦克阿瑟都曾用过这个站台，而火车只通往华道夫 – 阿斯托里亚酒店。那里是世界政要名流的下榻处。

1965 年，安迪·沃霍尔在这条站台上举行过一场地下聚会。

中央车站也是无数的影视场景：《西北偏北》《超人》《环游世界八十天》《午夜狂奔》《革命之路》《绯闻女孩》……

1978 年电影《超人》，大反派雷克斯·路瑟的藏身之处就在车站地下。

1984 年，罗伯特·德尼罗与梅尔·斯特里普合演过一部浪漫喜剧——《陷入情网》。片中，他们是两个已婚的陌生人，每天在这个车站擦肩而过，甚至在相邻的电话亭打电话。之后，相遇、相知、相爱。

有一个温柔细节。车站所有的出发时间都比实际时间早 1 分钟，让乘车人多出幸运 60 秒可以跑到他们的站台。

跟从她，走出"世界上最可爱的车站"。

高处的大钟，时针、分针，以及它们交错而过的世界最大的一块蒂凡尼玻璃，围绕它的雕像，希腊神祇：弥涅耳瓦、赫耳墨斯、墨丘利。看见这一时刻：9 点 19 分。

这一刻，她陷入了 42 街的人海。

仿佛，她回眸，一笑。

向北，走在莱辛顿大道，在不相识的高楼上，有一扇窗，欧姬芙曾经眺望过。

1925 年，欧姬芙和施茨格里兹搬入新建的希尔顿酒店 30 层的公寓。住了 12 年，看见非凡的城市景观。她开始画纽约，可是，她说，纽约是画不出来的，只能画对它的感觉。

建筑刀锋样的边界、与星星比肩的窗、烟雾、不明的城市之光。你看见什么说出了你是谁，纽约的荒凉与新墨西哥州的荒凉，说到底是一个人内心的荒凉。

绕一点路，去"P. J. 克拉克"（P. J. Clarke's）。

在高楼大厦围困之中，灯下，1884 年的红砖小馆儿。初时，是工人

阶级的酒肆，屋顶之上有高架火车呼啸而过。经历了大萧条、禁酒令、两次世界大战、无数城市变迁，周围从贫民窟到公寓到摩天大楼，小馆儿从未更改，成了传奇。

为《月亮河》写词的约翰尼·默瑟，在一张餐巾纸上写下了《一个为我的宝贝（多一个为这条路）》［*One for My Baby*（*And One More for the Road*）］，这首歌的演唱者弗兰克·辛纳屈也是小馆儿的常客，付小费极慷慨，20 号桌是他"私人的"。

1950 年代末，纳·京·科尔喜欢这里，称这里的咸肉奶酪汉堡是"汉堡中的凯迪拉克"。汉堡也是理查德·哈里斯的最爱，他通常会点上 6 杯双份伏特加。1958 年 6 月 20 日，巴迪·霍利在小馆儿向女友玛利亚求婚，那是他们第一次约会。1970 年代早期，杰奎琳·肯尼迪通常在周六带着一双儿女来吃午餐。还有，约翰尼·德普、波姬小丝……

克拉克是 1945 年电影《失去的周末》中的酒吧，也是《广告狂人》的景地。

面对这个老吧台的人们，分享着某种来自时间的深沉的东西。橘色光、黑白照片、烟熏的壁板、沉没在锡皮屋顶的花纹、杯子回声、从容侍者、酒。

点一杯杜松子，净饮。

酒意、街头、春深处：

保罗·奥斯特在《玻璃城》中形容纽约是"一个永不枯竭的空间……它总是带给他迷失的感觉。迷失，不仅在城市中，也在他自身之中。每次他出去游荡，都觉得仿佛把自己留在了身后"。

就像现在，把自己留在几条街外的一只空杯子里。

"地铁"（Subway）标志，在 52 街与莱辛顿大道路口。

1954 年 9 月 15 日夜，天气炎热，玛丽莲·梦露和楼下的邻居汤姆·伊威尔从莱星顿大街 586 号的勒克斯剧院（Trans Lux Theater）出来，走到 52 街。梦露站在 6 号线一处通风井上，这时一班地铁经过，风吹起了她的裙子。"你感觉到来自地铁的风吗？"梦露问，试图用手按住她的裙裾，"很甜美不是吗？"

那时，在街对面，摄影机后，是《七年之痒》制片人邀请来的纽约所有主流媒体摄影师和 2000 多名围观者。他们来到 52 街与莱辛顿大道交叉口，观看梦露的裙子在那个地铁的通风井反复被列车带来的风吹起。内衣暴露在整条街的目光下。围观者不停地喊："再高点儿，再高点儿！"在导演比利·怀德的要求下，梦露反复做着这个动作。唯一不高兴的人是与梦露结婚 9 个月的乔·迪马吉奥。由于他的干预，拍摄并不顺利。这一事件也是毁掉两人婚姻的最后一根稻草。两周后，迪马吉奥申请离婚。讽刺是，这场戏的大部分场景又在福克斯公司的摄影棚重拍了。

梦露手按裙裾的镜头成为美国流行文化的符号。在那一夜的照片中，梦露所在的位置是从北边数的第二个格栅。而在电影中，她的裙子也只是被吹至膝盖。

纽约没有最后一班地铁。

游荡，直到午夜，直到听见柴可夫斯基的曲子，直到遇见这个地铁中的舞者，在人流、脚步、轰响、微光之中，这个跳《天鹅之死》的女人，直到，她以与环境完全相反的寂静，跳完她的舞。

地下芭蕾

 **卡耐基音乐厅**（**Carnegie Hall**）

154 W 57th St

**埃德·苏利文剧院**（**ED Sullivan Theatre**）

1697 Broadway

**54 俱乐部**（**Studio 54**）旧址

254 W 54th St

**中央车站**（**Grand Central Terminal**）

87 E 42nd St

**P.J. 克拉克小馆儿**（**P. J. Clarke's**）

915 3rd Ave

## 第五大道罪与罚

"我的过去，一片朦胧。"打开的是一本《暗店街》，在史传德书店
（Strand）。

一间家族书店，独立书店，口号："18 英里的书"。

1927 年，本杰明·贝斯在第四大道开了"史传德"，1956 年，搬到百
老汇大街 828 号。书店 3 层，240 名员工，约 250 万册图书，从来就是纽
约书界的中心。许多下东区的艺术家在这里工作过，包括帕蒂·史密斯。

史传德书店

　　店堂辽阔而稠密，漫长书的仪仗，无数行列，无数迷途。可以抛弃时间和自己。可以无休止地沉溺。通道、梯子、徘徊的人、书脊的错落、纸张的味道、封面的字、目光，所有挨挤的新的旧的等候被打开的心灵。无边无际。

　　细节决定了许多事，比如，这张贴在书架上的海报，一支断铅笔和一行字："从谬误到大师"，或者这双踩在书上的鞋子和另一行字："任何方式都是一种逃离的方式"。有一些奇怪的书籍归类法。比如，这张桌子上的书属于"标志人物及麻烦制造者"；那张桌子上的书，是"太酷了以致无法分类的"。随处可见。他们声称，在这儿"书是被宠爱的"。

小招贴

　　书全且好。逛到3层，一堂的稀版书，烫金的、羊皮的、孤独了一百年的、要破碎还未破碎的。有一只铁皮保险箱，锁着店里的宝贝，非金非银。

　　在"摄影地带"见到一本约瑟夫·寇德卡

的《流放》，打开，都是久别重逢。

　　一楼有一个繁忙的地方，写着："来这儿卖你们的书"。有工人不停地搬来成捆旧书，一名老店员一本一本审视。

　　文人实在落寞了，可以把书拿来，换点酒钱。

　　生意就是生意。

　　乔伊斯·卡罗尔·欧茨小说《三个女孩儿》，故事就发生在这间书店。梅丽尔·斯特里普主演的《朱莉与朱莉娅》在这里取景。2010 年电影《记得我》，罗伯特·帕丁森扮演的角色就是"史传德"的雇员。

买书人

除了书，书店也卖好玩儿的小东西。一只酒壶刻了菲茨杰拉德的话："遗忘即原谅"（Forgotten is Forgiven）。一双袜子印着蒙克的名画《尖叫》。还有这个名为"洛丽塔"的布包，印着小说开头："洛丽塔，我的生命之光，我的欲念之火，我的罪恶，我的灵魂……"

门外，东 12 街，人行道上，漫延着一架一架书，走过的爱书人，正如天上不停的行云。

向西，过两个路口就遇见"第五大道"。

贯穿曼哈顿的大道，南端在格林威治村的华盛顿广场，向北过中城核心地带，沿中央公园东侧经行上东区，进入哈勒姆，北端结束于哈勒姆河边的西 142 街。第五大道在曼哈顿岛的中心线上，所以，东西走向的街都以它为界，门牌号码向东西两侧依次增加。

第五大道的"富贵"身份在 19 世纪中后期就确立了。1921 年，伊迪丝·华顿以小说《纯真年代》获普利策奖，成为获此奖的第一位女性。书里故事写 19 世纪七八十年代的纽约上流社会，主场景就在这条大道上。

这个晴空敲打的路牌还在格林威治村，不急，故事才开始。

所以，向北。一天，穷尽一条路。

游荡，如歌的行板。茫茫楼宇，徐徐车流，数不完的店铺。穿过路口、路口，相遇的街牌数字如水银刻度，一格格升起、越来越炎热。

13 街、19 街、21 街、27 街、30 街……

20 世纪初，摄影不被认为是艺术，摄影师不被认为是"真正的"艺术家。"照片"的话语权掌握在画家和雕塑家手中。1905 年，摄影师阿尔弗雷德·施蒂格里兹与爱德华·斯坦陈，在 30 街与 31 街之间，第五大道 291 号租下三个房间。那年 11 月 24 日，摄影分离派小艺廊——"291"开张。第一次展览包括 100 幅作品。接着是若干英法摄影师的影展。几年风雨经营，毁誉都有。1908 年，罗丹画展在"291"举行，这是罗丹的纸本第一次出现在美国。作品引发很大争论，一个评论家说："这些玩意儿不是给公众看的，甚至都不应出现在画廊中。"

画展结束不久，房东要涨房租，由于没有什么商业收益，1907 年 4 月，施蒂格里兹被迫关了画廊。这里成了一家女裁缝店。在友人资助下，1908 年，画廊重新开张，新地址在 293 号，名字留了下来，依然是"291"，口号："给每一个想对世界发言的人一次被听到的机会"。

1908 年，马蒂斯第一次美国画展在"291"举行，这也是他巴黎之外的第一次个展。这次展览标志着"291"的转向，从摄影基地到现代艺术在美国的先锋。

第一次世界大战爆发了，世界动荡，"291"受到影响。再出色的展览也无法抵消战争。而，1916 年，又发生了一件事。施蒂格里兹遇到了欧姬芙，一个男人，一个女人，一场爱情。1917 年 6 月，美国对德宣战两个月后，"291"关门。

有一首诗形容"291"是：一块真正自由的绿洲 / 一座在商业主义与积习漫卷的海上持续顽守的孤岛 / 一次疲倦时的喘息 / 一次迟滞时的刺激 / 一次纾解 / 一个对于偏见的否定 / 一个智慧与荒唐并存的道场 / 一个为被压抑的思想设立的安全阀 / 一个开眼器 / 一场考验 / 一种溶媒 / 一个受害者和一个复仇者。

无论如何，"291"使摄影在美国获得了与绘画、雕塑的同等地位。

"291"一去不返，原建筑早已拆了。面前是一个有关家庭纺织

业的展馆。

美国诗人罗伯特·普利多说："记着，如果你看得见帝国大厦，它也看得见你。"

看见，帝国大厦。一个物体，一根耸动的铅笔、尖刺。哀伤过《金刚》、浪漫过《西雅图夜未眠》。进入它，经历6500个窗户，1860级台阶。它变成一种目光。菲茨杰拉德曾拥有过的目光，他临在大厦绝顶，他说："这座城并不是人们所期待的无尽的峡谷，它有自己的边界，从每一个方向淡出，陷入乡野，陷入无边的绿色与蓝色的汪洋。这种孤独是无限的。"

此时，所有光辉灿烂的人间都在低处，细小、抽象。游客们满足于获得了某种类似上帝的视角，在这个片刻凌驾于这座城，这个宇宙。

第五大道进入中城。从49街到60街的一段，被称作"世界最贵的街"，菌集了大量奢侈。

满目朝圣的人，人海。店铺的精美庙堂。招牌上神祇的名字。惊人的丰盛，惊人的单调，压迫感，蛊惑的气息。

买、卖。

即使是圣派特克里大教堂恢宏的玫瑰窗、一百米的哥特尖顶也挽回不了什么。

这条街正在发生的粗野的一切。

故事的转折发生在东53街，在MOMA。

在现代艺术博物馆大玻璃背后，有一枝静立的孤单玫瑰。

现代美术馆 MOMA

MOMA，1929 年创立，大金主是洛克菲勒家族。馆藏作品 15 万件，2 万多部电影，400 万幅电影剧照。

看见莫奈，吉维尼的池塘，睡莲盛着的暮霭。

看见夏加尔的羊、农人、颠倒的房子。

看见卢梭，《梦》里的笛声、雨林，《睡着的吉卜赛人》，她的琴、酒、狮子、沙漠、月亮。

看见高更，他赤裸的塔西提新娘。

看见毕加索的《阿维农少女》、达利的《记忆的坚持》、马蒂斯的《舞》、蒙德里安的《百老汇爵士乐》、塞尚的《沐浴者》。

看见凡·高，《邮差》《橄榄树》，看见《星月夜》，每个笔触中的灵魂。

某个角落，一张弗里达自画小像。旁边，同样的画框，只嵌一块

蒙德里安的画

镜子。不停变换着面孔，在这个午后看画的人。

将长久记着这个非凡的细节。

街上流逝了什么，无所谓。

回来，第五大道。

走过半岛酒店，旧时的哥谭酒店。亨弗莱·鲍嘉与劳伦·白考尔一度住的地方。

片刻，就是 727 号。蒂凡尼，一间 1853 年创立的纽约本地珠宝公司，最初在曼哈顿下城，1940 年，旗舰店迁来第五大道，口号："钻石数以码计"（Diamonds by the yard）。"蒂凡尼蓝"是这家店的标志色。

以蒂凡尼表达奢侈由来已久。

1953 年，梦露在歌舞片《绅士喜爱金发女郎》中唱了一首歌：《钻石是女孩最好的朋友》，两次提及蒂凡尼。总之，"无论腰酸腿疼，在蒂凡尼也要仪态万方。"1971 年，007 电影《永远的钻石》，邦德女郎的名字就叫蒂凡尼·凯茜。在片中，她解释说，起这个名字正是因为这家店。她也是第一个美国邦德女郎。1993年，《西雅图夜未眠》在蒂凡尼有一个长镜头，从外景到内景。那时，梅格·瑞恩正在挑选瓷器。

1958年，杜鲁门·卡波特写了中篇小说《蒂凡尼的早餐》，故事主角霍莉·戈莱特丽经常说起这家店是"世界上最好的地方，在这里不会有坏事发生"。1961年，派拉蒙拍了同名电影。卡波特说："扮演霍莉·戈莱特丽的人，我一直首选梦露。"不过，梦露拒绝了这一角色，借口是，不想演交际花，会有损形象。这样，赫本代替了梦露。卡波特抱怨说："派拉蒙出卖了我，选了奥黛丽。"

电影开场：第五大道的清晨灯火犹在。一辆黄色的士停在蒂凡尼门口。霍莉·戈莱特丽下车，一袭黑裙，优雅极了。她走近橱窗看玻璃另一侧的珠宝，一边吃酥皮点心、喝咖啡。

片中一直回荡的是《月亮河》的旋律。


看着同一块玻璃，有钻石，有成群的身影。

霍莉说："我不想拥有任何东西，直到我找到一个地方，我和我热爱的事物一起。我不知道那个地方在哪儿，但是我知道它的样子，它就像蒂凡尼。"

有关奢侈，也无关奢侈。


这是5点19分，第五大道的知觉：一个两手空空的孩子走出了史瓦茨玩具店——一道闪光灯穿透了苹果店的玻璃房子——奔跑的衣冠楚楚的男人——无家可归的黑女人裹紧了毯子，像一只蛹挣扎着变成蝴蝶——一声大笑——哈雷机车轰响——轻微的香水混着尿臊气味——印

无家可归者

在两个购物袋上的人正在擦肩而过……

　　不远处，往来的是中央公园的马车，闪烁的是上城最初的灯火。

　　第五大道绵延向北，直到110街，就是"博物馆路"（Museum Mile），菌集了纽约重要的10家博物馆，除大都会博物馆外，歌德学院（88街）、新艺廊（86街）、古根海姆博物馆（88街）、国家设计学院（89街）、库柏海威特国家设计博物馆（91街）、犹太博物馆（92街）、纽约市博物馆（103街）、拉丁美洲博物馆（105街）、非洲艺术博物馆（110街）。

广场酒店

此时，必须要谈论的是 59 街路口，这幢法国文艺复兴风格城堡。

广场饭店（Plaza Hotel），由亨利·杰尼维·哈登伯格设计，耗资 1250 万美元建造。1907 年 10 月 1 日对公众开放。那时，住一间客房只需要支付 12.5 美元。如今，相同的房间一晚则需要 3750 美元。

在菲茨杰拉德的小说中，酒店在人物的生活里扮演了重要角色。《了不起的盖茨比》中，盖茨比和汤姆关于黛茜的冲突就发生在一间俯瞰中央公园的客房内。现实中，1922 年 3 月，菲茨杰拉德和妻子泽尔达、女儿斯科蒂从圣保罗回到纽约，庆祝他的第二部书《美丽与毁灭》出版，住在酒店的 644 号房间一个月，这是一个月的不停歇的聚会，直到 4 月，

他们回到明尼苏达。

下一刻，一枚硬币沉入了普利策喷泉。酒店门前，以喷泉为中心的广场是第五大道的一次停顿和喘息。人们在此整理心情，无论得不到的痛苦，得到的空虚，或是孕育顽强的新的希望。

穿过人群，穿过鸽子和风卷起的水雾。

1920 年，当菲茨杰拉德的第一本小说《人间天堂》出版时，他曾说描述自己"在普利策喷泉喜出望外"。

旋转门、岁月。

水晶灯火、大棵植物、所有的金碧辉煌的记忆。

1964 年 2 月 7 日，甲壳虫乐队第一次来美国，入住广场酒店 12 层的总统套房，房间号：1209—1216，占了一层。乐队到时已有超过 10 万件粉丝的礼物等着他们。无数歌迷在酒店外守候。纽约警察局派了 100 名全副武装的警察执守整个周末。第一次记者招待会也是在酒店举行。此间，记者问了一个问题："你们准备理发吗?"哈里森回答："昨天刚剪过。"

由于成千上万的粉丝堵住酒店大门，"甲壳虫"无法参加埃德·沙利文秀，虽然剧院就在 8 个街区外。他们只得从酒店的一条地道，潜行至一个地铁出口，再乘车离去。

喝一杯玛蒂尼，在橡树酒吧（Oak Bar）。四壁栗色木镶板、蕾丝样屋顶、酒色，往事带来的奢靡、性感。

在《西北偏北》中，加里·格兰特扮演的罗杰·桑希尔就是在橡树酒吧被绑架，开始了希区柯克作品中的一次经典逃亡。《闻香识女人》中，弗兰克中校阿尔·帕西诺与查理在这里吃过一餐饭。

　　此外，酒店还出现在《好莱坞式结局》《纽约之王》《西雅图夜未眠》《新娘大战》《老友记》《欲望都市》《黑道家族》《绯闻女孩》……

　　当然，酒吧也是菲茨杰拉德的最爱。

　　酒店有迷人的走廊，尽头有镜子，有不知通往何处的门，还有两张照片，两个最值得炫耀的瞬间：一张是甲壳虫乐队；还有一张，两个戴了面具的男女正穿过人群。

　　1966年11月28日，这里举行了纽约最著名的一场化装舞会——"黑白舞会"。500贵客中有弗兰克·辛纳屈和他年轻的太太米亚·法罗，作家诺曼·梅勒，也少不了沃霍尔，还有巨富、商贾、出版人、总统的女儿等。派对灵感来自电影《窈窕淑女》，着装全都是黑白两色，戴面具，餐桌为红色。这场舞会被称为"世纪派对""纽约社交史的顶点"，是美国流行文化与时尚前沿的象征。而舞会的发起者和主人是作家杜鲁门·卡波特。那时，他刚出版了《冷血》。


　　1924年9月30日，卡波特出生于新奥尔良。母亲只有17岁。在他4岁时，父母离婚，他被送往亚拉巴马州门罗维尔小镇，寄养在亲戚家。他与邻居小女孩哈柏·李成为好友，李在1960年写了小说《杀死一只知更鸟》。书中的人物迪尔据传就是以卡波特为原型。卡波特说："她曾是我最好的朋友。你读过《杀死一只知更鸟》吗？我是书中的一个人物，故事发生在我们居住的亚拉巴马小镇。她的父亲是一个律师，我们经常去法庭，而不是去电影院。"

　　卡波特是一个孤独的孩子，上小学前就开始自学读写。5岁时就带着字典和笔记本来去。11岁开始写小说。1933年，卡波特来到纽约，与

母亲和继父一起生活。

对少年时光，他说："我 11 岁时开始认真写作。那种认真就像其他孩子回家后练习小提琴或钢琴或是其他什么。通常每天从学校回家后我会写 3 个小时。我沉溺于此。"

1943 年，他从上西区一所私立学校毕业，这是他学校教育的结束。卡波特开始在《纽约客》杂志打工，给卡通分类或是装订报纸。直到两年后因得罪了诗人罗伯特·福斯特而被开除。他回到阿拉巴马写小说。

1945 年 6 月，《米利亚姆》在《小姐》杂志上发表，卡波特得了欧·亨利奖。出版人贝纳特·卡尔夫给了他一份兰登书屋的合同以及预支的1500 美金，他开始写《别的声音，别的房间》，他的第一部长篇。

小说是半自传体，"南方哥特式"，文字诗性，奇幻，复杂。映射了卡波特在阿拉巴马的童年。卡波特不止一次说书的中心主题是"一个孩子对父亲的寻找"。而这个父亲，"从最深的意义上说，是不存在的。"但此外，更引人注目的是书中的孩子乔尔对自己的认知与接受，他的同性恋身份。作家形容这是"备受压抑的情感的一次诗意的爆发"。小说最后，乔尔接受了他的宿命，他是同性恋，他一直听到别的声音，住在别的房间。可，接受不是妥协，那是自由。他自语："我就是我。"

对于卡波特来说，与自己身份的和解让他获得了某种喜乐。

为了书的宣传，1947 年，摄影师哈罗德·哈尔马为卡波特拍过一张照片：23 岁的卡波特斜倚着凝视镜头，目光逼人，俊美极了。照片印在书背面，被认为充满情色意指的挑逗姿势与书的"危险"内容一起引发了争议。这张照片给了 20 岁的安迪·沃霍尔极大刺激，他经常谈论这张照片并给卡波特写信。当他 1949 年来纽约时，多次试图与卡波特相遇。1952 年，出于对这个作家的迷恋，沃霍尔为第一个个展起名"以杜鲁门·卡波特的作品为基础的绘画"。

1948 年，小说出版了，书进入《纽约时报》畅销书榜，9 周。这本书以及这张照片，对卡波特的意义不只文学，还使他成为渴望已久的公众人物。

1950 年代初，他涉足百老汇舞台及电影。

卡波特热衷于各种"上流社会"的聚会，结交达官显贵名媛。1958 年 11 月期的《时尚先生》杂志刊出了《蒂凡尼的早餐》。之后，兰登书屋出版了同名小说集，还包括另外三篇短小说《花房》《钻石吉他》《一个圣诞记忆》。诺曼·梅勒曾盛赞这本书，并称卡波特是"这一时代最完美的作家"。卡波特混际的上流社会生活及细节是构成这本书的重要因素。他认识的女人中有一半以上都声称自己就是戈莱特丽的原型。卡波特也承认，这也是他自己最喜欢的人物。

1959 年 11 月 16 日，卡波特打开了《纽约时报》第 39 页，有一篇 300 字的新闻：《富有农民及三个家人被灭门》。在偏远的堪萨斯霍尔库姆小镇，一个富有农民、他的妻子及两个孩子被同时枪杀。没有搏斗迹象也没有失窃，电话线被剪断。当地治安官表示"这显然是心理变态杀手所为"。

卡波特立即被吸引，他相邀童年好友哈柏·李一起前往霍尔库姆，到达时被害者的葬礼刚刚结束。在此后 6 年时间里，卡波特深入探究这一案件，熟识了卷入调查的每一个人和几乎所有小镇居民，做了 6000 多页的笔记。李则与镇里的女人们交朋友并进行采访。

对于动机，卡波特说："原因是我想做一个新闻式写作的实验，我当时在寻找有足够含量的题材。"卡波特此类型写作在 1950 年代为《纽约客》

写作时就开始了。1966年，《冷血》由兰登书屋出版，卡波特为新书贴的标签是"非虚构小说"。《冷血》迅速大卖，卡波特的名声达到顶点。这本书为他赚了1960年代的600万美金。

质疑如影随形。在真实的案件中，两个罪犯很快归案，5年后被处以绞刑。焦点集中在：作品第一还是生命第一？

在调查中，卡波特与罪犯之一的佩里进行了深入的交流，同情对方与自己相似的不幸童年，并最终发展了某种友情。对于他们之间的关系有诸多传言和猜测。作者也从未承认他们之间有超越柏拉图式的情感。卡波特本有可能帮助他免于一死，比如提供新的精神病证词。但，他什么也没有做。1965年4月14日，佩里及另一同案犯被绞死。《冷血》有了最震撼、符合小说逻辑的完美结局。

此外，卡波特声称书中的每个字都是真实的。而事实上，书中许多引言和人物形象都与真实有出入。面对所有质疑，卡波特的回应是"妒忌"。

卡波特在上流社会一时风头无二。他行为乖张出位，声音高而尖，举止怪异，衣着另类。经常虚构他与某些名人的交往，包括他从未见过的嘉宝。无论如何，他是社交界的大红人。他要开一场聚会，招待他在上流社会的朋友们。他花了16 000美金。整个夏天都在修改客人名单。惹得没在名单上的人不高兴。卡波特说，自己请了500个朋友却结了15 000个敌人。

《冷血》及黑白舞会之后，卡波特再没有写出另一本小说。他在加州的棕榈泉买了房子，过着无目标的生活，沉溺于酒与毒品，为此，他与多年的同性伴侣激烈争吵。

1975年，卡波特在《时尚先生》发表了《巴斯克海岸1965》，号称揭露纽约上流社会肮脏的秘密。"巴斯克海岸"是位于西55街60号的一间法式餐馆，从 1950 年代开始就是上流社会的社交圣殿。这个短篇的发表相当于卡波特的社交自杀，人物被对号入座，包括杰奎琳姐妹，他得罪了所有朋友，被上流社会除名。

他更加沉溺于毒品与酒精，迅速陷入自毁。1984 年 8 月 25 日，卡波特死于肝癌及多种毒品中毒。

2005 年，电影《卡波特》再现了作家写作《冷血》的经历。扮演卡波特的菲利普·塞默·霍夫曼以这一角色获得了第七十八届奥斯卡最佳男演员奖。霍夫曼 2014 年在纽约猝死，据称死因是吸毒过量。

电影《安妮·霍尔》中有一个场景，伍迪·艾伦和戴安·基顿坐在公园里看来去的人，戴安评说一个经过的人："噢，这是杜鲁门·卡波特模仿秀的冠军。"而事实上，这个过客正是卡波特本人。


走廊完结了，镜子里来了今晚赴宴的人。


第五大道正是长日将尽的颜色。

一天，背着一本沉甸甸的《流放》。

没有买莫迪亚诺的书，记着小说结尾："她走远了，她已经拐过了街角。我们的生命不是和这种孩子的悲伤一样迅速地消逝在夜色里吗？"




　**史传德书店（Strand）**
　828 Broadway


　**291 画廊（291 Art Gallery）**
　291 5th Ave

### 现代艺术博物馆（Museum of Modern Art，MOMA）
11 W 53 St

### 蒂凡尼店（Tiffany's）
727 5th Ave

### 广场酒店（Plaza Hotel）
768 5th Ave

上 城

# 上西区 / 中央公园 / 上东区
## UPPER WEST SIDE/CENTRAL PARK/UPPER EAST SIDE

## 诗酒西区人

已是，最后一张底片。照相机开始倒卷，一帧一帧的今天，逆流而上。夜—黄昏—午后—清晨。

清晨，一个蓝领工人走进了"格雷的木瓜"（Gray's Papaya），一间24小时营业，全年无休的小店。他站着，吃一只热狗，周围挨挤着同样站着吃热狗的人们，挨挤着面包、香肠、番茄、芥末、四面八方的目光。

小店1973年开张，老板叫保罗·格雷。起名"木瓜"因为店里卖的木瓜汁。此外，也卖橙汁、菠萝汁、香蕉得其利（Banana Daiquiri）、椰汁与朗姆酒调制的鸡尾酒。热狗号称纽约第一。

店再小也要文艺。1997年，电影《傻爱成真》，一个男人一个女人，在拉斯维加斯一夜情，女人怀孕。他们结婚了。男人希望回纽约，女人要留下。有一天，男人生日，女人打电话请在纽约的婆婆帮忙，下了特

"格雷的木瓜"

别订单，把男人最爱吃的"格雷的木瓜"热狗快递到内华达州。她对他说："谁说你不能同时拥有两个世界最好的东西？"演男人的是马修·派瑞，演女人的是萨尔玛·海耶克。

《电子情书》、《欲望都市》剧集、《只在寂寞》也都有小店影子。

夸张的是，2008 年，《纽约时报》报道说，"格雷的木瓜"为奥巴马

的竞选背书。打出标语："是的，参议员奥巴马，我们准备再次相信"。

热狗而已，简单、直接、短促。蓝领工人早已出门，走上百老汇大街。接着，消失在上西区。

上西区，东邻中央公园，西到哈德逊河，南边从 59 街开始，北边结束在第 110 街。百老汇大街是中轴线，从南到北贯穿始终。北有哥伦比亚大学，南有林肯中心。所以，上西区是纽约知识分子、艺术家的居所，一副文艺做派。相对的，上东区住的多是生意人，一副商贾像。

总之，住的都是有钱人。

18 世纪，上西区散落着纽约富人的农场和乡间别墅。19 世纪中叶，中央公园设立、开放。1870 年代，沿哥伦布大道搭建的高架轨道列车带动了经济。1890 年代，哥伦比亚大学迁来，提升了整个区域的文化价值。1904 年，地铁开通，一时间，上西区矗立起无数宏大建筑。

一度，67 街以南蘑集着黑人。在 1960 年代，那是一个充满分租房的暴力街区。当初为了拍《西区故事》，曾推迟这一地段的拆迁进程。夷为平地之后，人们建筑了林肯中心。

上西区老建筑多，少不了影视染指。1986 年，伍迪·艾伦执导的《汉娜姐妹》，汉娜父母家就在河滨路与 86 街交叉口。片中公寓表现了典型的上西区风格：高屋顶、散漫零乱的书、艺术品。

这里是娜塔丽·波特曼在《黑天鹅》中的家，也是汤姆·克鲁斯与尼可·基德曼在《大开眼戒》里的家。《电子情书》有多个镜头在上西区拍摄。还有《华尔街》《致命诱惑》《蜘蛛侠》《欲望都市》《绯闻女孩》《超级制作人》……

沿百老汇大街，向北。

过了 73 街，耸动着一幢布杂艺术风格建筑，恢宏而充满秩序，这是"安索尼亚"（Ansonia），上西区最大的公寓之一，始于 1904 年，有当时世界最大的室内游泳池，大堂喷泉中豢养着海豹。

"安索尼亚"的墙非常厚，隔音，所以住了许多旧时音乐家：恩里科·卡鲁索、托斯卡尼尼、斯特拉文斯基、耶胡迪·梅纽因。

作家德莱塞在《一个美国悲剧》出版后，搬到这里，一间两室公寓，租金 110 块。安吉丽娜·茱莉和娜塔丽·波特曼也曾以此处为家。

走出"安索尼亚"的影子。向北，一条街，灯塔剧院（Beacon Theatre）已烈日当头。

1928 年 11 月，灯塔酒店落成，高 24 层，楼顶有一座航空灯塔。《纽约时报》说它将展现"世界最大的烛光，如果夜空晴朗，飞机可在 70 英里外看到它"。灯塔剧院是酒

灯塔剧院

店的一部分，极庞大，2600 个座位。本是为默片设计的，可，1929 年平安夜开幕时，默片时代已过。只得放了有声片，卢普·韦莱斯的《泰格罗丝》。

穿行。镶铜玻璃门、白色大理石地面、桃花心木酒吧、镀金石膏饰件、黄铜楼梯扶手、无所不在的工艺细节。走廊墙上画了东方的商队，表达异域气氛的大象、骆驼。剧场本身因为金碧辉煌而空旷，镜框式的舞台和两侧希腊女神像的金光、绛色椅子的波浪、大幕表面玫瑰干涸的颜色、所有不在场、所有黑暗中令人不安的满腔期待。

剧院放电影也上演风俗喜剧、音乐剧、歌剧。到 1970 年代，流行歌手开始在"灯塔"表演：迈克尔·杰克逊、詹姆斯·泰勒、"滚石"、"皇后"、"电台司令"。

1989 年起，欧曼兄弟乐团在"灯塔"连续演出了 20 多年。2006 年 10 月 29 日，克林顿在"灯塔"庆祝 60 岁生日——一场"滚石"的私人音乐会。2008 年，滚石乐队在"灯塔"举行演唱会，马丁·西科塞斯在现场执导拍摄了纪录片《闪电之光》。2011 年和 2012 年的戏剧托尼奖颁奖典礼也在此举行。

止于期待，灯塔剧院，更加辉煌，更加空旷。


喜欢流淌着的东西，血液、泪水、河流、道路。摆脱不了的百老汇大街和不停流淌的正午。

向北。2207 号是另一幢高楼，1909 年的新文艺复兴风格建筑，名为"爱索"（The Apthorp）的公寓。

一个庞大炫目的盒子，带着锋利的边缘，切分晴空。森严的拱门之中，住着阿尔·帕西诺、柯南·奥布莱恩、辛迪·卢波。

到 79 街左转，一直走，尽头就是哈德逊河。

春水、轻风、咸腥滋味，飞鸟、鱼、安静船坞，遍布游艇，刺目的光来自桅杆、轮舵、玻璃、倒影的镜像。

迈尔康·福布斯、希腊船王奥纳西斯、马里奥·普佐、弗兰克·辛纳屈，都在此泊船。1998 年电影《电子情书》，汤姆·汉克斯就住在船坞的一艘小船上。

想喝咖啡的时候总会有一间咖啡馆。船坞咖啡馆（The Boat Basin Café）铺张在水边。一把灼热的椅子，一杯双份埃斯派索，酸涩浓烈，阳光直落。

那时，有船归航，一路打碎水中倒置的虚荣，无论是谁，无论怀着怎样的心情。

回到百老汇大街，向北，下一路口，西 80 街，一间长长的店铺，反复写着"萨巴斯"（Zabar's）。

萨巴斯市场

1934年，年轻的乌克兰移民，路易和丽丽安·萨巴夫妇在80街开了一间6.7米宽的小店，自己亲手焙制咖啡，以公道价格卖最好的熏鱼。一个家族经营了80多年，"萨巴斯"已成为上西区鲜明的商业地标，最有名的是贝果、熏鱼、橄榄、奶酪。

"萨巴斯"频繁出现在几乎所有著名的美剧中：《老友记》《欲望都市》《为你疯狂》《天才保姆》《白宫西厢》《绯闻女孩》《法律与秩序》《超级制作人》……

如云的顾客，热络的店员，每个角落都丰盛，颜色、味道、食物都有各自的面目，带着喜人的样子。一种家庭式店铺才呈现的美好，在纽约城，所剩无几了。

买一只全麦面包，一盒油橄榄，拣一个窗边的位子，胡乱吃，看街对面绿色的小门脸和招牌上大大的字："书"（Books）。

人进人出，拿着书或空着手。

它是"西区人"二手书店。

2013年，约翰·特托罗自编自导了电影《色衰舞男》，伍迪·艾伦在这部喜剧中扮演了一名皮条客，演对手戏的是沙朗·斯通、索菲亚·维加拉、瓦妮萨·巴哈迪。伍迪决定堕落的原因是他的小书店实在无法为继了。片中的书店就是"西区人"。

穿过街时，"萨巴斯"的窗边已是他人。

门口，几架慵懒的书，几个消磨的人。小店让大街有了一次迷人的缓慢。昏暗，一天一地的书，狭窄的过道、灯、梯子、不可穿行的门。来自纸张、文字、油墨、霉菌、岁月的含混气味。那个倚在角落读书的人，他的神情表明他正身处某个遥远的街头。

卡夫卡在1911年11月11日的日记中写："我身上无可置疑的东西

西区人二手书店

是对书的贪欲。并不是想占有或阅读它们，而是想要看到它们，想要通过一个书商的陈列证实它们的存在。"

"西区人"卖初版书、签名书、剧本、摄影集，也卖唱片：摇滚、流行、另类。有一个"垮掉的一代"的"反文化"专区，翻一本陈旧的《裸体午餐》，读一条陈旧的句子："人们只相信他们愿意相信的，并不管事

“西区人”的一个角落

实如何。”

　沿木梯上二楼，看窗外，那时，小店成为一种目光和注视，看此时的街，街上慌张而奋进的一切。

再回身，静默一处，时光驯良。

出门，带一本保罗·奥斯特《孤独及其所创造的》，向北。

过95街，“序曲空间”（Symphony Space）就在路口。这是一个身份复杂的地方，混搭了音乐、舞蹈、戏剧、电影、文学朗读。表演场地有两个，760座的大剧场“彼得·杰·夏普”，和160座的小剧场“塔利亚”（Thalia Theatre）。

说说后者。“塔利亚”是1931年的老剧院。第二次世界大战后，它成了一间非主流电影院，纽约城的一处奇怪所在。这里放欧洲电影，比如，让·雷诺阿的《大幻灭》、荷内·克莱尔的《巴黎屋檐下》。还有卓别林、让·谷克多的片子。有时，也放亨弗莱·鲍嘉的经典。"塔利亚"是几代影迷的据点。来看电影的人，有伍迪·艾伦、马丁·西科塞斯、彼得·博格丹诺维奇。伍迪·艾伦还把它拍进了《安妮·霍尔》。片中艾维和安妮来这里看了一场米歇尔·奥菲尔斯的《悲伤与怜悯》。

1987 年，小剧院一度关门。在演员伦纳德·尼莫伊的资助下，2002年重新开张。他因主演《星际迷航》中的斯波克而成名。剧院也改名伦纳德·尼莫伊塔利亚剧院。

乘一班黄昏的地铁，向北，流淌。

出口，已远到 110 街。

眼前就是圣约翰神明大教堂（Cathedral of St. John the Divine），世界最大的圣公会教堂。1892 年开始建造，历经一百多年风雨世事，还没有完成，依然在建造中，依然有一半塔楼缺失。光就从那里倾泻。

过于巨大，过于辽阔。祭坛、彩色玻璃、十字，都在远方，不可及。在一种淡紫色的光芒之中，走，人在尘埃，只有仰望。

教堂的"艺术湾"（Arts Bay）。彩色玻璃下，石壁上写"美国诗人角"。这个角落开始于 1984 年，以纪念美国最好的作家。每块石板刻写了作家的名字、生死日期、一句引言。哈特·克莱恩的是："让我远行，爱，抵达你的手心。"埃德娜·圣米森特·米莱的是："拿起歌声，放下墓志铭。"

点数一下，30 多个名字：沃特·惠特曼、华盛顿·欧文、艾米莉·迪金森、纳撒尼尔·霍桑、罗伯特·福斯特、薇拉·凯瑟、格特鲁德·斯坦因……

1999 年，庞德被提名进入诗人角，在一番争论后，终因他的反犹倾

圣约翰大教堂

向被驱逐在外。

点一支蜡烛，只为光明。

5点钟，两名黑人保安恍然出现，他们以歌吟的方式清场，宣告："大教堂关闭了，大教堂关闭了。"唱和，回声不绝，萦绕，"大教堂关闭了……"

出门，走两条街，看见哥伦比亚大学的夕阳。从它的美丽门口，它的所有窗子。

游荡。随几个学生拥入114街角的小馆儿"伯恩海姆与施瓦兹"（Bernheim and Schwartz）。

之前，它是西区酒吧，又叫"西区门"（West End Gate），从1911年开始就是哥伦比亚大学的纵酒之地。口号："哥伦比亚第一杯啤酒处"。

舒尔茨小馆

1940 年代早期，大学生艾伦·金斯堡、杰克·凯鲁亚克、吕西安·卡尔，经常沉溺在这里，喝酒，谈论学业和未来。"垮掉的一代"在这里孵化。1960 年代，"西区"也是反越战的据点。酒吧开开关关，不停易主，但一直是文艺酒吧的血统，师生都来，喝酒、听爵士，谈论政治、艺术、生活，激扬文字。2004 年，"西区"开始自酿啤酒，其中一款 10 度酒最为流行，起名"Ker O'Whack"，谐音"凯鲁亚克——哥伦比亚大学的退学生"。

无论什么名字，它都是"西区"，都是一群闪耀的青春，正如此时。

另一杯酒，另一个深沉的夜晚。

一天过了，流水般。

一卷新底片，照相机缠着，完美的空白。

**格雷的木瓜**（Gray's Papaya）
2090 Broadway

**安索尼亚公寓**（The Ansonia）
2107 Broadway

**灯塔剧院**（Beacon Theatre）
2124 Broadway

**79 街船坞咖啡馆**（The Boat Basin Café）
W 79 St

**西区人二手书店**（Westsider Rare and Used Books）
2246 Broadway

**萨巴斯市场**（Zabar's）
2245 Broadway

**伯恩海姆与施瓦兹**（Bernheim and Schwartz）
2911 Broadway

**圣约翰大教堂**（Cathedral of St. John the Divine）
1047 Amsterdam Ave

## 阿波罗足以抵挡忧伤

电影《安妮·霍尔》是这样结束的：

艾维（伍迪·艾伦）说："有趣的是，我再次遇到安妮，在上西区，她搬回了纽约。"

接着，一连串回忆镜头，艾维独白："再一次见到安妮，我真的很高兴。我意识到她是一个多么好的人，能认识她是一件多么有趣的事。我想起了那个老笑话，你知道，有个家伙去看精神病医生，他说：'大夫，我兄弟疯了，他以为他自己是一只鸡。'医生说：'那你怎么不把他带来？'那人说：'我是想把他带来，可是我需要鸡蛋啊！'你看，我想这就是现在我对男女关系的感觉，你知道，它是完全非理性的、疯狂的，甚至荒谬的，但是我想我们还一直要经历这一切，因为我们大多数人都需要鸡蛋。"

之后，艾维与安妮在路口告别，握手，亲吻。信号灯是红的。艾维看着安妮穿过马路，走出画面。他转身离开，向着另一个方向。空镜：信号灯变绿了。

此时，就在那个路口，西63街与哥伦布大道的路口，灯从红到绿用了一分钟。

在多云的午后，穿过电影的最后一帧。

一步之外，情境马上就转换了。已身陷一片美国式的恢宏，林肯中心和它的砖石、玻璃、柱式，它的广场、喷泉、台阶，它的人群。

这是世界最大的艺术会场。美国人喜欢"之最"，一种变相的英雄情结。

一个不能无视也难以怀念的地方。

擦肩而过。

游荡在哥伦布大道，上西区另一条南北方向道路，起始于西村，在中下城它叫"第九大道"。

一个金发女人牵着狗走进了西 69 街转角的洗衣店，门外一段清洁的热气。

这里本是一间叫"玛亚"（Maya）的小店，卖奶酪和旧物。1998 年《电子情书》拍摄时，它是电影中的角落书店，女主人是梅格·瑞恩。演对手戏的是汤姆·汉克斯

故事不过如此，好在演员。只记着一句台词："你读什么书表明了你是什么人。"

所有衣裳在半空转了一圈，女人取走了她的长裙。

再一次，纽约是不念旧情的。有梦无痕。

下个路口，转上西 70 街的安静，走下去，将与百老汇大街相遇时，有一幢新古典主义建筑，在云影下，不张扬的使节饭店（Embassy）。1946 年，加缪从巴黎来纽约，度过了三个月时光。他在哥伦比亚大学演讲，被崇拜。这座 12 层的旅馆是他的第一个住所。他被纽约强烈吸引，长时间沉浸其中，反复游荡，形容他看到的城"已超越了人的力量"。

他说："有时，从摩天大楼背后，一艘拖船的尖叫进入你的不眠之

夜，之后，你记起这片钢铁水泥的沙漠本是一个岛屿。"

回到哥伦布大道时，所有的影子已趋于完美，房子有了温柔，路破碎的细节织补了光芒。

正有不断增加的无所事事的人，去往 76 街的"格林跳蚤市场"。

在一处学校的空地菌集着大量白色帐篷和无序松散的人潮。突然沉溺在某种混乱的幸福之中。沉溺，无数细小、美好、可有可无的事物。没完没了的瓷器，成群的杯子，孤单、脆弱、灼热。一袭银餐具，有着令人惊奇的光辉。一排排挂着的旧衣裳，挥发着岁月浆洗过的味道。慢慢铺平的皱褶、从前。数不尽的首饰，来自女人的经久不息的激情，珠光宝气，真真假假。许多用了一半的口红、脂粉。一部老留声机转着胶木唱片，转着歌声："温柔地爱我，甜蜜地爱我……"有人打开了一只老衣箱又扣上，有人经过一面又一面镜子。有孩子面对无数芭比娃娃陷入选择。触摸一台被过度使用的打字机，"I"键已磨损殆尽，或许是喜欢用第一人称的写作者。

**成堆的娃娃**

跳蚤市场卖的小人偶

露天市场从1985年开始，是上西区周末的闲情。

人们漫无目的又充满动机，寻找可以取悦自己的东西，可以表达自己的东西，或者只是看看，只是参与某种生活。

一个专门的角落留给食物，有希腊的穆萨卡、菠菜派、蜜馅杏仁点心，有土耳其饼、肉丸，有韩国泡菜、炒粉丝、饭团，还有腌黄瓜、油橄榄、各色小饼干。

到处是欲走还留的人，反复相遇着。也总有漏掉的细节，比如这个盒子，满满的散乱底片。对着太阳看，一张一张，有山峦、河流、树、大街、灯火，有一个人的肖像，一个完整的家庭，一次群聚。下一张，有另一个旧时太阳，叠着此刻的太阳，算是重逢。

下午就是这样流逝的。

走了，在哥伦布大道上，走远了。

死亡诗社

从 82 街向西走，转上平行的阿姆斯特丹大道，去往"死亡诗社"（The Dead Poet）。

黑底金字，狭长空间，浓烈的工业感。

这间爱尔兰文艺酒吧，始于 2000 年。酒客是西区人，音乐家、学生。

墙上挂着死去的诗人肖像、活着的诗句。所以，点一杯爱尔兰威士忌，开始一个轻浮的黄昏。

自在，散漫。

阿姆斯特丹大道向北，过了 86 街，有另一间老铺子：巴尼格林格拉斯餐馆（Barney Greengrass）。

一行红字招牌，光影恍惚中，一些怀旧的顾客。

1908 年的犹太饭馆和熟食店。特色是熏鱼：鲟鱼、新斯科特省三文

巴尼格林格拉斯老店

鱼、白鲑鱼。1938 年，小店有了绰号："鲟鱼王"。

"巴尼格林格拉斯"是个有名的吃早午餐的地方。招待过罗斯福总统、玛丽莲·梦露、欧文·柏林。2006 年，这家饭馆赢得了被称为"餐饮界奥斯卡"的"詹姆斯－比尔德美食大奖"。

汤姆·汉克斯与桑德拉·布洛克 2011 年主演的电影《心灵钥匙》，小店也是场景之一。

让伙计切了些熏三文鱼，就着一百年的光阴。

从 86 街站乘地铁，车厢里都是令人昏沉的乘客，没有强行闯入的演奏者，没有戏剧性的面孔，没有热望。且行且止，一站、另一站。

打破这种心绪的是哈勒姆（Harlem）不平凡的暮色。那时，最后一个人走出了 125 街站，看着晴空中无端的阴云，柔软的晚霞。

　　哈勒姆，纽约黑人区，20世纪美国黑人文化中心，也曾是犯罪贫困的中心。现在，经历着一次复兴。

　　此时，这条街是生动的。大群的行人，聒噪的店铺，夸张的字母、数字，散布无常的地摊儿。教堂钟声响起时，一伙嬉哈打扮的青年正穿过马路，两个墙下闲谈的人点着了烟，一对母女默默等待着巴士，耍弄自行车的少年又完成了一次旋转，烧烤摊腾起一阵油腻煳味。

　　还有，"阿波罗"（Apollo）的霓虹灯亮了。

　　一座新古典主义建筑，1913年老戏院，1506个座位。初时，演风俗喜剧，总是满台的漂亮姑娘。初时，"只限白人"（Whites Only）。1934年1月，戏院换了主人，换了名字，叫"阿波罗"，开始邀请黑人上台表演，

阿波罗剧院

哈勒姆的马赛克墙画

也向哈勒姆的黑人观众开放。那时，这非比寻常。其他地方是黑人可以演出，不能观看。比如，同一条街上的棉花俱乐部。

所以，"阿波罗"成了纽约黑人的主要舞台。是歌唱，是快活，是心灵的出口，是艰难生活的金色镶边。

最有名的是"爱好者之夜"（Audition Night），每周一晚，通过收音机转播。许多传奇从此开始。

1934 年 11 月 21 日，一个 15 岁黑人女孩登台，唱了两首霍奇·卡迈克尔的歌《茱迪》和包斯威尔姐妹的《我的所爱》，得了第一名，25 美金，她叫艾拉·菲茨杰拉德。

1964 年，爱好者音乐比赛的第一名叫吉米·亨德里克斯。

1967 年 8 月，星期一，夏夜。大幕还未拉开，后台，一个黑人孩子在化妆间外跑来跑去，他 9 岁，他是迈克尔·杰克逊。

4 年前，1963 年，印第安纳州，加里市，格耐特小学响起电影《音乐之声》中的插曲《翻越群山》，歌声让所有老师热泪盈眶，起立为这个演唱的黑人孩子鼓掌，他 5 岁，他是迈克尔·杰克逊。那一年，他和 4 个哥哥组成了乐团，名字是一个邻居阿姨起的，叫"杰克逊五人组"，迈克尔是主唱。

之后，他们赢得了加里市所有选秀比赛。之后，他们得到了"阿波罗"的邀请，来到纽约，挑战"爱好者之夜"。

今晚是绰号"超级狗"(Super Dogs) 的决赛，观众是最苛刻的一群人，他们等着"杰克逊五人组"上场。

比利·米歇尔，15 岁开始在"阿波罗"做杂工，干了 50 年，被称为"阿波罗先生"。他回忆说："人们从未见过小孩儿可以有如此表现，之前也有小孩儿上台，但都只是做点模仿动作而已。但他们不一样，他们的默契就像成人，每一个动作都完美统一，而迈克尔的演唱是非凡的。""杰克逊五人组"征服了"阿波罗"，他们赢了。重要的是，这一夜开启了他们的职业生涯。

1968 年，"杰克逊五人组"第二次来到"阿波罗"，这一次的演出是付钱的。

迈克尔·杰克逊单飞后，也曾回到"阿波罗"，最后一次在 2002 年，为民主党竞选站台。

以"阿波罗"为起点的歌者，还有比莉·霍利戴、詹姆斯·布朗、戴安娜·罗斯、史蒂夫·汪达。几乎，20 世纪所有重要黑人艺术家都曾

在"阿波罗"表演。

猫王十几岁，第一次来纽约，"阿波罗"是他最想来的一个地方。甲壳虫乐队第一次来纽约，最想去的地方也是"阿波罗"。

1960年代是"阿波罗"的黄金期。1970年代，民权运动让黑人得以进入主流秀场，挣更多的钱，而一个酸楚后果是，"阿波罗"落寞了。哈勒姆的毒品与不良的治安雪上加霜。1976年，一个8岁男孩在戏院里被枪杀，"阿波罗"一度关门。

1980年代至今，"阿波罗"经历了几次整修，现在依然是纽约最激动人心的演出场所。流行、爵士、嘻哈、灵魂、节奏蓝调、放克、音乐剧、诗剧、舞蹈、戏剧、新媒体艺术。而著名的爱好者之夜在每星期三晚上7点半。

2009年6月25日，迈克尔·杰克逊因药物中毒猝死。消息传来，人群涌上125街，聚集在"阿波罗"门前。剧院把大屏幕的广告换成了这句话："纪念迈克尔·杰克逊，一个真正的'阿波罗'传奇，1958—2009"。2000歌迷在"阿波罗"的霓虹灯下跳着"月亮在行走"，高唱《镜中的男人》和《比利·简》，昼夜不休。剧院树立起纪念墙，迅速写满了签名和留言，给迈克尔和音乐。无数哈雷摩托轰响着在125街徘徊不去。

他们说，如果你在纽约只能做一件事，那么就来"阿波罗"。因为，"阿波罗"足以抵挡忧伤。

说时，门已开了，票根撕了，除了尽欢别无选择。

**使节旅馆（Embassy Hotel）**

154 W 70th St

**格林跳蚤市场（Green Flea）**

Columbus Ave between W 76th and W 77th St

**死亡诗社（The Dead Poet）**

450 Amsterdam Ave

**巴尼格林格拉斯餐馆（Barney Greengrass）**

541 Amsterdam Ave

**阿波罗剧院（Apollo Theater）**

253 W 125th St

## 达科他的那一天

眩晕来自哥伦布环岛（Columbus Circle）。

这是纽约城的一个漩涡。密集的车流、引擎声、玻璃反光、太多路口和不知去向。

环岛 1905 年就有了，连着第八大道、百老汇大街、西 59 街、中央公园西街。纽约与美国其他任何城市相距多远就是以这里做测量起点。

电影《穿普拉达的恶魔》《终极警探》《曼哈顿奇缘》《我是传奇》都可以找到这个场景。在《出租车司机》中，就是在这里，留了摩霍克族印第安人发型的罗伯特·德尼罗，混入人群，试图刺杀参议员。

此时，岛中心的哥伦布像仿佛桅杆，不肯没沉。

游荡，在中央公园西街，左手高楼，右手繁花。

西 67 街有一个寻常路口，一地树影，一间老意大利馆子，现时叫"豹艺宫"（The Leopard at des Artistes），旧时叫"艺术家咖啡馆"。

1917 年，它是艺术家旅馆的一部分。客人多艺术家与精英分子。作家范妮·赫斯特，诗人莫里斯·梅特林克，画家马塞尔·杜尚、诺曼·洛克威尔，舞蹈家邓肯，《纽约客》的评论家亚历山大·伍尔科特，电影明星鲁道夫·瓦伦蒂诺。之后有小提琴家帕尔曼，导演凯瑟琳·特纳、保罗·纽曼。大都会歌剧院的音乐总监，指挥家詹姆斯·莱文，他的桌子号码是 33。

不远就是美国广播公司 ABC 总部大楼，著名主持人芭芭拉·沃尔特斯、黛安·索耶就在这里吃午饭。

许多年，一直是这个做派。

极为清洁的店堂，桌布有一种尽乎刻薄的白色。唯一的饰物是霍华德·钱德勒·克斯蒂的墙画，一幕幕裸体滑稽戏，创造出特别的嬉皮气氛与私密感。这是小馆儿出众的细节。不多的几桌客人，穿戴考究，配搭着周围的一切，侍者依然以"旧世界"的礼仪行事，不怠慢。

电影不会放过如此地方。

1981 年，小馆儿是路易·马勒《与安德烈共进晚餐》的场景。

1993 年，伍迪·艾伦把它拍进了《曼哈顿神秘谋杀案》。

1996 年，戴安·基顿主演的《第一夫人俱乐部》也有它的戏份。

《老友记》中，莫妮卡一度在这里当过厨师。

2009 年，老"艺术家"关门，2011 年，新店开张，继续着同一血统。

喝一杯巴罗洛葡萄酒，算来过了。


上西区面向中央公园的住所是纽约最贵的地段之一。

比如，走过的中央公园西街 88 号。2006 年，德尼罗花了 2000 多万买下 5 层 15 个房间的公寓。

比如，远处俯瞰中央公园的"圣雷莫"，1930 年的奢华公寓。

1981 年，丽塔·海华丝被诊断患上老年痴呆症，她住进"圣雷莫"，在女儿照顾下，度过人生的最后日子。和她在电影《吉尔达》中演对手戏的格伦·福特每天送她一枝玫瑰，直到她 1987 年 5 月 14 日去世。

1985 年，麦当娜试图以 120 万买一套"圣雷莫"的公寓。在业主委员会上，人们认定麦当娜的行为方式（如裸露）以及她坏脾气男友西恩·潘，会给优雅的"圣雷莫"带来麻烦。当时，麦当娜也在场，刻意

穿了简单的黑裙配了朴素首饰，取悦于人，但还是无法改变结果。唯一没有投反对票的人是黛安·基顿。

斯皮尔伯格在16层有两套公园朝向的公寓。其中一套2008年以2800万卖给了"老虎"伍兹。北塔顶楼27层，330平方米，原主人是乔布斯，后卖给了U2乐队主唱波诺。1987年，黛米·摩尔与布鲁斯·威利买下了南塔最顶层的单元，650平方米，360度景观的大露台。现为黛米·摩尔所有。

再比如，驻足的72街，静默的达科他。

达科他，1884年建筑，北日耳曼文艺复兴风格。那时，上西区只有一片空地和零星房子。名字是纽约人的玩笑，说那地方远得像美国的北方州达科他。

在纽约宅邸中，达科他最老最奢华。65套公寓，每套4~20个房间，一色高天花板、屋顶饰带、桃花心木镶板、滑动玻璃门、吊灯、壁炉，所有可能的地方都是雕花的。1884年的《纽约每日电讯》称它是"世界上最完美的公寓楼之一"，还说"从这里可以看见纽约每一个重要的地标"，观看者"像是坐着热气球飞越岛屿"。

作为曼哈顿最贵的房子，价格从几百万到几千万。

指挥家伦纳德·伯恩斯坦，影星劳伦·白考尔、茱莉·霍莉德、朱迪·加兰，歌者保罗·西蒙都以达科他为家。在恐怖片《科学怪人》中扮演怪物"弗兰肯斯坦"的演员鲍里斯·卡洛夫也曾住在这里。每年万圣节，他放在门口的糖果，从来没有孩子敢来拿。

1968年，罗曼·波兰斯基在达科他拍了《魔鬼圣婴》。在电影《香草天空》中，汤姆·克鲁斯拥有两套达科他的房子，公寓外景出现在片中。

2006 年，安东尼奥·班德拉斯曾想入住达科他，被拒。

1973 年，约翰·列侬和小野洋子从演员罗伯特·里恩手中转租下达科他的 72 号公寓，位于 72 街和中央公园西街转角。租金每月 1500 美金。里恩死后一年，列侬买下这座 9 个房间的公寓。仅用了 105 000 美金。

他们搬入后，每天，都有许多摄影师围着这座建筑等候。每天，达科他的总机接线员也要处理几十通歌迷电话，请求转接列侬家⋯⋯

此刻，达科他，伸手可及，又决不亲近。与建筑相比，它更是一个封闭的体系，一种无法了解的生活。

不动声色，无论风和日丽，无论大雨倾盆。

那一天：1980 年 12 月 8 日。

那个月最温暖的一天，18 摄氏度。

摄影师安妮·丽波维茨已在路上。

她要拍的人是列侬，她正去往达科他。

安妮·丽波维茨，父亲是美国空军中校，母亲是现代舞教师，犹太人。她的童年随军迁移。从高中起，她写作、玩音乐、画画。她的第一张照片拍摄于越战期间的菲律宾。

1970 年起，她成为刚创刊的《滚石》杂志摄影师。受理查·阿维丹影响，在拍摄中，她试图寻找与被摄者之间的亲密关系，让他们"向你敞开心房、灵魂和生活"。这一期间，她最著名的照片是滚石乐队。

列侬将是 1981 年《滚石》第一期的封面人物。

7 点 30 分。列侬醒了，起床，披了黑色和服。洋子还睡着。他走入

起居室，看了一眼纽约的天空。

洋子看到他时，已阳光灿烂。他们情绪很好，经过 5 年低回，新专辑《双重幻想》高昂在排行榜上。

洋子："约翰，如果它排名第一了，我们做什么？"

列侬："我带你出去吃饭。"

洋子："是一次约会吗？"

列侬："是一次约会。"


那时，20 个街区外，马克·大卫·查普曼离开第七大道的喜来登酒店，带着一把点 38 口径左轮手枪。之后，他买了一本《麦田守望者》，写上："这是我的宣言"，签名：霍尔顿·考尔菲德。之后，走向达科他。

马克·大卫·查普曼，生于德克萨斯的沃思堡，父亲是空军上士，母亲是护士，有一个小 7 岁的妹妹。童年生活在恐惧之中，父亲对母亲家暴，对他冷酷。查普曼想象自己有类似君王般的权力，统治着一群幻觉中的小人儿，这些小人儿就住在他卧室的墙里。

14 岁，查普曼进入乔治亚州一所中学，吸毒、逃课、离家出走。1971 年，他成为长老会的重生基督徒，遇到了第一个女友，同是基督徒的杰西卡·布兰肯希普。他开始在基督教青年会 YMCA 的夏令营当辅导员。孩子们喜欢他，叫他"小丑鱼"。

一个朋友向他推荐了小说《麦田守望者》，他无限沉迷，将书中主角霍尔顿·考尔菲德作为生活的楷模。

中学毕业后，查普曼一度来到芝加哥，在教堂弹吉他。也曾在世界展望会设在阿肯色州的一处越南难民定居点儿工作。他很努力，对孩子们关怀，经常与政府官员见面。时任总统的杰拉尔德·福特还握过他的手。

后来，他前往乔治亚州福音派神学的科文纳特学院与女友会合，并成为一名学生。由于学业不佳和情感上的纠葛，一个学期后他就辍学了。女友和他分手。他觉得自己是个失败者并产生自杀念头。他返回难民定居点工作，但在一次争执后离开。此后，他曾做过一段保安，并接受了一周的射击训练。他再度试图进入大学，再度放弃。他去了夏威夷，考虑自杀。1977年，他尝试吸一氧化碳，他把一段管子接在汽车的排气管上，但是管子熔化了，他没有死。

那时，父母离婚，母亲来到夏威夷与查普曼一起生活。

1978年，查普曼受《环游地球八十天》的启发，进行了一次六个星期的旅行，去了东京、首尔、香港、新加坡、曼谷、德里、贝鲁特、伦敦、巴黎等地。此间，他与女导游，一个日裔美国人相恋，并在1979年6月2日结婚。查普曼在一家医院做油漆工，不久被开除。之后，他找到一份夜班保安的工作，开始酗酒。

查普曼有一系列的沉迷之物，包括《麦田守望者》、音乐以及约翰·列侬。他又开始和他的"小人儿"说话。1980年9月，他给一个朋友的信中写："我开始疯了。"署名"麦田守望者"。那时，他并没有犯罪记录。

查普曼在三个月前就计划杀死列侬。

他是"甲壳虫"的乐迷，视列侬为偶像。像很多重生基督徒一样，他愤怒于1966年列侬评价"甲壳虫"的言论："甲壳虫比耶稣还有名。"当时，在美国南方，引发了一系列抗议活动，包括焚烧唱片。查普曼好友的妹妹作证说，查普曼"看起来对约翰·列侬怒不可遏，并一直说他不明白为什么约翰·列侬会那么说。对马克来说，没有人比耶稣基督更有名。这是亵渎"。

此外，查普曼的愤怒还来自一本叫《约翰·列侬过好每一天》（*John Lennon: One Day at a Time*）的书，书中记录了列侬的纽约生活。查普曼的妻子说，"他愤怒的是，列侬鼓吹着爱与和平却腰缠万贯。"后来，查普曼也说："他告诉我们去'想象一下不占有财富'，而他却有亿万美金、游艇、农场、田园，嘲笑着像我这样的人们，我们相信着他的谎言，购买他的歌曲，并围绕着他的音乐构筑了大部分生活。"

谋杀前几个星期，查普曼听了《约翰·列侬/塑胶小野乐团》专辑，他说，听着这样的音乐愤怒就来了，说什么他不相信上帝，他不相信"甲壳虫"。虽然这张唱片是 10 年前录的，我还是想大声叫喊："他以为他是谁，对于上帝、天堂、'甲壳虫'说那样的话？"在那时，我的想法沉浸在完全的愤怒与暴怒的黑暗之中。我陷进《麦田守望者》的语境，我就是霍尔顿·考尔菲德。

查普曼还有过另外的暗杀人选：约翰尼·卡森、马龙·白兰度、伊丽莎白·泰勒、杰奎琳·肯尼迪等。只是，约翰·列侬比较容易得手。他也更痴迷于他。他还曾想过从自由女神像跳下自杀。查普曼的计划和动机被形容是"混乱"的。

1980 年 10 月，他买了枪，来到纽约，又随即离开，因为他无法在纽约获得子弹。他去了亚特兰大，买了子弹之后，11 月回来。

受电影《凡夫俗子》的启发，他又折返夏威夷，告诉妻子杀死列侬的计划，并出示了枪和子弹。她没有报警。查普曼与一个心理医生订了约，却提前在 12 月 6 日飞回纽约。他在电视荧幕上看到这句话："不可杀人"。

1980 年 12 月 8 日上午 9 点。列侬和洋子走出达科他，到西 71 街的富图纳咖啡馆吃早餐。列侬点了一份班尼迪克蛋，喝了一杯卡布其诺，抽了一支法国茨冈牌香烟。之后，他决定理个发。之后，回家。

上午 11 点。安妮·丽波维兹来到达科他。拍摄开始。

她本想只为列侬一人拍照，但是列侬坚持洋子也要出现在封面上。丽波维兹回忆说："没有人想让她上封面。"

她希望可以重现专辑《双重幻想》封面上的亲吻情境，这一情境令她十分感动。她设计是两个人的裸体。洋子并不愿意。丽波维兹在一个月后在《滚石》杂志中写道："有趣的是，她说她可以脱掉上衣，我说，'都穿着吧'——对照片根本没有实际作用。之后，列侬脱了衣服，蜷在她身边非常非常紧。你情不自禁地感觉她很冷，而他看起来像攀附着她。我先拍一些拍立得样片，把它们给列侬和洋子看，约翰说，'你已准确地捕捉到了我们的关系。'"

下午 3 点 30 分，摄影师离开了达科他。

那时，旧金山广播电台（KDRC）的主持人戴夫·舒林已经等了近三个小时。他和采访团队穿过长长的走廊，脱掉鞋子，踩上昂贵的地毯。洋子迎接他们，列侬在另一个房间换衣服。接着，门开了，列侬走进，张开双臂，"兄弟们，我来了！"

采访中，列侬说："我们要么去活，要么去死。我想我的工作不会结束，直到死，直到被埋葬。我希望这是一段很长的时间。"

下午 5 点。

列侬和洋子离开公寓，搭舒林的车，前往"录音工厂"为歌曲《如履薄冰》混音。一些歌迷见列侬走向汽车，上前索要签名。

查普曼已经在达科他门口徘徊了一整天，他和乐迷、看门人聊天。早晨晚些时候，他遇到列侬的保姆海伦·西曼带着 5 岁的肖恩散步回家。他握了肖恩的手并说他是一个漂亮的男孩儿。

尽管天气温和，查普曼穿得很厚，衬衫、毛衣、长大衣、假皮毛帽子、手套、围巾。列侬穿了黑色皮夹克、蓝毛衣、红 T 恤。他走上前，安静地请列侬为《双重幻想》签名，他写："约翰·列侬 1980"，问："你要的就是这个？"查普曼微笑点头。摄影师、歌迷保罗·格罗什无意中拍下了这一瞬间。

查普曼说："在那一刻我的理智赢了，我想要回酒店。但是我不能。我等着直到他回来。他知道冬天里鸭子的去处，而我需要知道这个。"

他没走，枪就在大衣内侧口袋。

列侬和洋子在录音工厂待了四个多小时，然后，回来。他们的车开上第八大道，经过哥伦布环岛，沿中央公园西路向北，在 72 街左转。

晚上 10 点 50 分，返回达科他。列侬准备和儿子说晚安之后再和洋子出去吃饭。车没有开入更安全的中庭，而是停在 72 街。

达科他的看门人，原 CIA 探员佩尔多莫和一个出租司机都看见查普曼站在拱廊的暗影中。列侬经过时，看了他一眼，并没有认出他。几秒钟后，查普曼在相距 3 米左右的距离，用他的点 38 口径左轮手枪对着列侬的后背快速连续射出了 5 颗中空弹。很多报道声称，开枪前，查普曼喊了一声"列侬先生"，并蹲着做出射击姿势。庭审中，查普曼说，他不记得说出了列侬的名字。第一颗子弹没有打中，飞过列侬头顶击中公寓的一面窗户，接下来的两颗子弹击中他的左背，另两颗穿过他的左肩。血从伤口从列侬嘴里涌出，他跟跄了几步，说："我中枪了，我中枪了。"

倒下，随身的磁带撒了一地。看门人杰·哈斯汀跑过来为他止血，撕开他的衬衫时意识到伤势严重，他用自己的制服捂住他的胸口，摘下满是血的眼镜，报警。

拱廊外，佩尔多莫打掉了查普曼的枪，踢开。查普曼脱下大衣和帽子，表明他没有其他武器。

佩尔多莫冲向查普曼大喊："你知道你刚才做了什么吗？"

他说："是的，我刚枪杀了约翰·列侬。"

最先赶到的警察作证说，查普曼坐在人行道边，非常平静，举着一

列侬中枪的门口

本平装的《麦田守望者》。他们为查普曼戴上手铐，押入警车。没有反抗。另两个警察几分钟后赶到，他们没等救护车，而是把列侬抬入警车后座，奔向罗斯福医院。到急诊室时，列侬已没有脉搏和呼吸。里恩医生和两位助手抢救了 20 分钟，切开了列侬的胸腔试图手动进行心脏复苏，可是，心脏周围血管受损太严重了。

晚上 11 点 15 分，里恩医生宣告列侬已死。

列侬遗体被送往第一大道的陈尸所，进行尸检。"由于胸部及主动脉多处贯穿性枪伤，80%血液流失，从而导致失血性休克。"4 颗击中列侬的子弹，有 3 颗完全穿透了他的身体，第 4 颗留在主动脉中，一共 7 处伤口，枪枪致命。由于中空弹在体内破坏力极大，列侬的左肺和心脏上方的主要血管被摧毁。负责尸检的法医在报告中说，这么严重的枪伤没有人能活过几分钟。

里恩医生告诉洋子死讯时，她抽泣着说："不，不，不，不……告诉我这不是真的。"她瘫倒并开始用头撞击地板。当一个护士把列侬的婚戒交给她时，她平静下来。她让医院先不要通告媒体，她想亲自告知他们 5 岁的儿子肖恩。洋子说："他也许在看电视，我不想让他从电视新闻中得知父亲死了。"

死讯在医院告布时，整个医院回荡着"甲壳虫"的歌《我所有的爱》。

听到列侬被杀的消息，丽波维兹立即跑到医院，拍了医生宣布列侬死讯的照片。

列侬被推入急诊室时，ABC 广播公司的一名新闻制作人也在现场，列侬的死讯经由 ABC 电视台的《星期一橄榄球之夜》节目宣告。

列侬曾说："死，只是从一辆巴士下来，上了另一辆巴士。"

这样被人记着

12月10日，列侬遗体在无宗派的芬克里夫墓园，火化。没有葬礼。

达科他外始终聚集着歌唱的人群，洋子说，是他们的歌声让她醒着。12月14日，几百万人响应洋子的要求，静默10分钟以纪念列侬。那天225 000人聚集在中央公园，那10分钟，纽约所有的电台停播。

谋杀发生后至少有三个乐迷自杀。1981年，洋子发行了专辑《玻璃季节》，封面照片是列侬带血的眼镜。乔治·哈里森写了纪念歌曲《往事如烟》，林戈·斯塔尔和保罗·麦卡特尼都参与了制作。1982年保罗·麦卡特尼写了纪念歌曲《相守此刻》。埃尔顿·约翰、"皇后"、保罗·西蒙、平客·弗洛伊德也都写歌向列侬致敬。

查普曼被控二级谋杀。审判前的6个月，来自检方和控方的心理学家及精神病专家对查普曼的精神状况进行了大量取证。1981年1月，查普曼的律师递交了一份因精神障碍的无罪辩护。然而，6月，查普曼告诉律师他想取消无罪辩护。6月22日，查普曼说，是上帝告诉他要获罪。

　　1981 年 8 月 24 日，法庭宣判查普曼无期徒刑。当法官问他有什么
要说的，他站起来读了一段《麦田守望者》，情节是霍尔顿告诉他的妹妹
菲比，他想要的人生："我将来要当一名麦田里的守望者。有那么一群
孩子在一大块麦田里玩儿。成千上万的孩子，周围没有一个大人，我是
说，除了我。我就站在那混账的悬崖边。我所要做的就是守望，我必须
抓住每一个跑向悬崖的孩子，我是说，孩子们都是在狂奔，也不知道自
己是在往哪儿跑。我得从什么地方出来，把他们捉住。我整天就干这样
的事，我只想做一名麦田里的守望者。"

　　1981 年起，查普曼被关在水牛城外的一所监狱。1982 年 2 月，他曾
绝食 26 天，被纽约州高级法院下令强行进食。考虑到他可能被狱中的列
侬的歌迷袭击，查普曼被单独关押。大部分时间他都在囚室外做清洁工
作或在图书馆、厨房帮忙。监狱方面几乎阻断了他与其他犯人之间的接
触。他喜欢阅读和写作短篇小说。

　　被单独监禁之后，他每年有 42 小时可以与他的妻子相聚，在监狱的
特殊房间内。偶然他的妹妹和几个朋友会来看他。

　　2000 年，查普曼第一次有权申请假释。在第一次听证之前，小野洋
子写信给委员会反对释放查普曼。在 50 分钟的听证之后，委员会做出了
否定结论。认为释放查普曼会"蔑视这一罪行的严重性并有损法律的尊
严"。查普曼先后 7 次提出假释要求，7 次被拒。

　　2006 年，12 月 8 日，列侬之死 26 年祭日，小野洋子在几家报纸上
发表声明说，这一天应该是一个"宽恕日"。但她并没有准备好宽恕查普
曼。2010 年，第 6 次听证，小野洋子说，她还是反对查普曼的假释，称
她和列侬儿子的安全以及查普曼的安全都将受到威胁。"我害怕这会再一
次把那晚的噩梦、混乱和困惑带回现实。"

2012 年，查普曼被转到纽约州的文登监狱继续服刑。

谋杀后 6 年，查普曼拒绝了所有的采访。1992 年，12 月，他分别接受了芭芭拉·沃尔特斯和拉里·金的两次电视采访。2006 年，有一部英国电影《杀死约翰·列侬》，但没什么影响。2007 年，圣丹斯电影节，放映了雅雷·谢弗执导的传记电影《第 27 章》。片名是因为《麦田守望者》全书共 26 章。杰瑞·德莱托扮演查普曼，为此，他增肥 30 公斤。有乐迷在网上发起抵制这部以谋杀列侬为背景的电影，要求"停止美化一个凶手"。

小野洋子说："我确定，这是另一件将伤害我的事情。我宁愿根本不去讲查普曼先生的故事。虽然我理解这些演员，他们得工作。这不仅是电影，你们将一直谈论列侬之死。"

丽波维兹拍的照片登在《滚石》杂志 1981 年 1 月 22 日第 335 期封面。这从一个残酷的向度让摄影师更为有名。列侬之后，她拍过英国女王、1991 年 8 月《名利场》封面黛米·摩尔怀孕照、迪卡普里奥、史汀、迈克尔·杰克逊、比尔·盖茨、约翰尼·德普与凯特·摩斯、奥巴马一家……

1980 年代末，丽波维茨遇到了苏珊·桑塔格。当时，桑塔格的书需要配一张作者照片。她们发展了一种亲密的关系，直到 2004 年桑塔格去世。虽然她们近得可以看见对方的公寓，但她们从未住在一起。在桑塔格生前，她们从未公开说明她们到底是什么关系。直到 2006 年丽波维茨的书《一个摄影师的生活》出版时，她才说："和苏珊，那是个爱情故事。"

后来，丽波维茨说："叫我们情人。我喜欢情人这个词。你知道，情

人听起来浪漫。我的意思是，我想彻底明确。我爱苏珊。"

2009 年，列侬的儿子西恩·列侬和他的女友夏洛特·坎普·米尔赫模仿列侬与洋子，拍了另一张照片，只不过男女角色颠倒了，是西恩穿着衣服，坎普裸露着。照片收录在 1993 年 10 月 26 日的《英国青年艺术家》杂志。

此时，那个著名的门口乏味极了。偶尔，有游人徘徊一下，仿佛寻找什么，等待什么。而那里什么也没有。两名保安静立如植物。

之后，终于有了歌声，从一条街外，从草莓地。

草莓地的卖艺人

**草莓地的核心**

　　草莓地，一块一万平方米的三角形园地。就在公园西72街入口，直对着达科他公寓。列侬死后，在小野洋子和纽约市长的联合动议下，在公园建了这个纪念处。1985年10月9日，列侬45岁生日时开放。名字来自列侬的歌《永远的草莓地》。现实中，"草莓地"是利物浦一间孤儿院的名字，列侬小时候经常去和那里的孩子一起玩儿。抚养他的姨妈并不同意他这么做，但他坚持说"没什么大不了的"。这句歌词因此而知名。

　　弥漫的绿色植物和花，杜鹃、月桂、野玫瑰、木兰。草莓地的核心是一块圆形的纪念地，是来自意大利那不勒斯市的礼物。意大利工匠以黑白马赛克铺就。希腊罗马风格，中心写着"想象"（Imagine），是列侬的歌名。

也是歌者正唱着的歌。一个中年男人，一只琴盒，一些散落的硬币。他说，他们有 5 个人，轮流在这里唱，他说，24 小时都会有人来，有时看得见小洋野子和肖恩·列侬。

说时，来了一大群游客，拍照，与歌者唱和，又忽地离去。

让我带你走
一起去那草莓地
没什么是真的
也没什么大不了的
永远的草莓地，永远

歌，没有听完，看一眼列侬的窗子，每年的那一天，都会有一支蜡烛点亮。

走上西 71 街，69 号，是一间前卫发廊。之前，这里是"富图纳"，1976 年开张，曾是列侬和洋子最爱的咖啡馆。他们吃意大利三明治、咖啡和甜点。每周去几次，去吃饭或者只是喝一杯咖啡或茶。列侬在这里写歌、写诗或者只是随手画点儿什么。他们有一张最喜欢的桌子，桌布上写着："没有人告诉我"（Nobody Told Me）。列侬死后，老板文森特把这张桌子连同椅子作为礼物送给洋子。

因为房租涨了，因为旧人故去，饭馆在 2008 年 2 月关门了。

1980 年 12 月 8 日。

那一天，阳光很好。在这里，约翰·列侬点了一份班尼迪克蛋，喝了一杯卡布其诺，抽了一支法国茨冈牌香烟。

那一天，在纽约人的记忆中，依然是历史上 12 月里最温暖的一天。

那一天，有人在黑夜之中枪杀了歌手。


艺术家咖啡馆（Café des Artistes）
1 W 67th St


圣雷莫（San Remo）
145 and 146 Central Park W


达科他（The Dakota）
1 W 72nd St


富图纳咖啡馆（Cafe La Fortuna）
69 W 71st St

# 伍迪·艾伦地带

在这片草地，有人不愿睡去，有人不愿醒来。

因为中央公园，因为春日弥漫着温暖的厌倦。

中央公园在曼哈顿上城中心。东边是第五大道，南边是哥伦布环岛和 59 街，西至第八大道，北至 110 街，面积 340 公顷。

1821—1855 年，纽约人口增加了 4 倍，城市急需一处喘息休闲的所在，许多有权势的人也认为要有一个可以开车兜风的地方，类似伦敦的海德公园或是巴黎的布洛涅森林。

公园 1857 年设立，但工程始终进行着，直到内战结束后的 1873 年才完成。

一百年，纽约悲喜交集，中央公园风雨相随。

1960 年代是公园的"大时代"。在这里，著名的文化政治风潮都有回声。1961 年，由"公共剧院"推出的"莎士比亚在公园"年度节日定址在戴拉寇特剧院（Delacorte Theatre）。纽约爱乐乐团和大都会歌剧院的露天演出在"绵羊草原"（Sheep Meadow）和"大草坪"（Great Lawn）举行。还有，以冥想、爱、音乐、迷幻药为主题的"友爱大聚会"，以反越战及种族主义为旗帜的"在场"（Be-ins），中央公园成为"事件"发生地，政治集会、示威、庆典、节日、音乐会。

几十年，许多歌者在中央公园开演唱会：芭芭拉·史翠珊、鲍勃·马利、艾尔顿·约翰、戴安娜·罗丝、保罗·西蒙、邦·乔维、安德烈·波切利。

1986 年，"中央公园夏季舞台"开始免费演出，包括音乐、舞蹈、脱口秀、电影。

公园是无数电影场景：《蒂凡尼的早餐》《香草天空》《克莱默夫妇》《赎金风暴》《当哈利遇到莎莉》《欲望都市》……

伍迪·艾伦是最喜欢中央公园的导演，很难找到一部没有出现这个公园的电影。

《犯罪与不端》《纽约故事》《非强力春药》《解构哈里》《好莱坞式结局》《奇招尽出》，都有。有时，是轻松的，比如《安妮·霍尔》，当伍迪·艾伦和黛安·基顿在毕士达喷泉看人来人往。有时，是严肃的，比如《汉娜姐妹》，伍迪沿着公园小路苦思人生的意义。

必须要喝点儿什么，才能面对茫茫正午。

一个小时后，在绿苑酒廊（Traven on the Green）的吧台上有三只空杯子。

1870 年，这是一处羊圈；1934 年，改成小酒馆。80 年间多次易手，停停开开。

来的都是大客人，演员、音乐家、作家、政客。格蕾丝·凯利、出演《金刚》的女主角菲伊·雷，普利策奖得主罗伯特·奥伦·巴特勒。导演沃尔特·希尔在这里举行婚礼。列侬和他的儿子肖恩多次在这里举行生日会。

众多百老汇剧目在"绿苑"庆祝首演之夜。

绿苑酒廊

电影《剪刀手爱德华》《华尔街》《波普先生的企鹅》《捉鬼敢死队》都有酒廊场景。

伍迪·艾伦1989年的电影《纽约故事》之《俄狄浦斯的烦恼》中，他和母亲在"绿苑"露台用餐，他妈妈抱怨桌子不好。

纽约人不会亏待自己，哪儿都有欢娱的去处，都有让人幸免于难的液体。

穿过草地，从59街回到繁华，回到第五大道。

游荡已是上东区：东至东河，西至中央公园，南北以59街及96街为界。旧日唤作"丝袜区"，原因是，那时只有富人才穿得起丝袜。

欧洲殖民者到来之前，印第安人把这儿当作捕鱼营地。19世纪，上东区多农田和菜地。迷人的是俯瞰东河的岸边。所以，富人来了，建造别墅，看风景。

随着城市化进程，这片区域渐渐成了纽约最富有，最具权势的居所。今天，依然是，明天，还将是。

商人：石油大亨洛克菲勒家族、赛马业巨头惠特尼家族、把控烟草与电力的杜克家族。

政客：罗斯福家族、肯尼迪家族。杰奎琳·肯尼迪、她的妹妹李·拉齐维尔、她的女儿卡罗琳·肯尼迪。纽约前市长迈克尔·布隆伯格。因嫖妓丑闻下台的纽约州第 54 任州长艾略特·斯皮策。2000 年 103 岁的宋美龄，搬入上东区格雷希广场一所公寓，2003 年，在睡梦中去世，105 岁。

上东区还是许多联合国使节的官邸。

有钱且文艺的，有电影人伍迪·艾伦，马丁·西科塞斯，钢琴家霍洛维茨，歌手麦当娜、玛丽亚·凯莉。

以下是与上东区有关的故事：《蒂凡尼的早餐》《了不起的盖茨比》《克莱默夫妇》《曼哈顿》《大开眼戒》《穿普拉达的恶魔》《欲望都市》《绯闻女孩》……


第五大道，左手繁花，右手高楼，一万丈车流、人海，一万丈绿树、骄阳。

故事不会结束，不过是换了讲述方式。

路边一列长长的书摊，就像街头的镇静剂，可以慢慢翻看，慢慢平复。等目光安静，脚步沉着。

第一个路口，东 61 街，第一个建筑是彼埃尔酒店（The Pierre），1930 年开始，住过伊丽莎白·泰勒。

穿过门口白天的灯火、大堂、酒吧，到沙龙舞厅，在这里，拍了电

彼埃尔酒店

影《闻香识女人》的经典桥段：阿尔·帕西诺和一个不太会跳舞女孩，在帕尔曼演奏的《一步之差》乐曲下，跳起探戈。

此时，黑色钢琴、水晶灯、镜子、大窗、半开的帘幕、空空如也的舞池、一个不跳舞的人。

记得一句似是而非的台词："探戈无所谓对错，不像生活。"

沿麦迪逊大道（Madison Ave）向北，铺排着寂静而奢侈的店铺，亚历山大·麦克奎恩或者香奈儿，遇到的多是可以令你马上联想到金钱的人。财富驯养的态度，在时间多年煨炖之下的神色，所谓富人。

转上东70街，走过118号，一座乔治亚风格房子，红砖、白窗、黑门，一大丛郁金香。这是伍迪·艾伦的家。他在2006年买下的。

他爱纽约，他说："我不能带着道德感向任何人为纽约辩解。这就像加尔各答。但是我以一种情感的、非理性的方式爱这个城市，就像爱你的母亲或父亲，即使他们是醉鬼或者小偷。我以我的全部生命爱这个城市——对我来说，它就像一个出色的女人。"

伍迪·艾伦把上东区叫作"地带"（The Zone）。

在这一"地带"，他设计了不少电影场景。《安妮·霍尔》中艾维与安妮就在第二大道与65街交叉口的贝克曼剧院见面。《汉娜姐妹》中，当伍迪·艾伦意识到他并没有得脑癌，从麦迪逊大道1425号的西奈山医院走出来，得意地在医院门外的街上跳舞。

伍迪·艾伦家

走几分钟，穿过莱星顿大道（Lexington），转上东 71 街，169 号 E 有蓝色的小门，一盏壁灯，一树藤蔓。《蒂凡尼的早餐》中，赫本就住在这里。她说："我不是霍莉也不是露拉美，我也不知道我是谁，我和猫咪一样没有名字，我不属于任何人。"

慢慢走过了，两个路口，已是第二大道，向北看，一幢砖楼，门廊入口写着"查令十字公寓"（Charing Cross House）。是的，这个名字与那本书有关。

海伦·汉芙，1916 年 4 月 15 日生于费城。父亲是失败的歌手、舞者，为生计所迫做了衬衣推销员。家庭带着波希米亚气质。"我的父母是伟大的戏迷，"汉芙回忆，"父亲经常用衬衣来换取戏票，即使在大萧条年代，我们每周都要去看戏。"成为剧作家是海伦·汉芙的唯一

电影《蒂凡尼的早餐》中赫本的公寓

梦想。她 19 岁进入费城大学学英文，一年后辍学，因为家境贫穷。她的第一份工作是在汽修学校做打字员，一周 12 美金外加她可以带回家的机油。1936 年，她参加了一个剧本比赛，获得 1500 美金的奖金并得以去纽约学习戏剧。接下来的两年，她住过一连串纽约破烂的单间公寓，为了谋生，不停地四处打杂，同时写自己的戏。

作为编剧，海伦·汉芙的人生很不成功。1961 年的回忆录《蹩脚混剧圈》描述了 1940—1950 年代她在纽约戏剧界的挣扎，一边调侃，一边痛哭。当时，很多一线制作人都看中过她的戏，但最终没有一部能登上舞台。1950 年代，为了糊口，她也曾混迹电视圈。此后，大规模的电视制作业转向加州，海伦·汉芙决定留下，为《哈泼时尚》《纽约人》写稿子。她一直在纽约，一直潦倒，也一直与一家伦敦的小书店 Marks & Co，一个叫弗兰克·德尔的人通信，20 年，保持着遥远而又迷人的关系。

由于经济拮据和厌恶旅行，海伦·汉芙不断推迟着前往伦敦的行程，直到，为时已晚。1968 年 12 月 22 日，弗兰克·德尔因腹膜炎去世。1969 年新年那天，几乎全伦敦业内书人都参加了德尔的葬礼。

1969 年 1 月，海伦在寒冷之中打开一封航空信笺，非常短，是弗兰克·德尔的死讯。一夜不眠。痛哭之后，她打开抽屉，打开 20 年的心意。这是她唯一能做的，一切始于书，也要终于书。

1969 年 4 月 11 日，海伦·汉芙写信给一位前往伦敦的朋友，说了这样的话：

"我在家中打扫卫生，整理书架。偷闲坐在地上，四面地毯上散放的都是书。希望你与布莱恩在伦敦玩得愉快。他在电话上对我说：'如果你有路费的话，是否想和我们同去？'我几乎哭了。

"或许在那儿，或许不在。看着四周地毯上散乱的书籍，我知道，它们肯定在这儿。

"我不知道，可能对我来说去或不去那儿已是无所谓了。我梦到那儿的次数太多了。我常常是为了看那些宽街窄巷才去看那些英国电影。记得许久以前，有个人对我说，那些去过英国的人，都能在那儿找到他最想要的东西。我告诉他我想去英国，是为了找英国文学。他说：'它们就在那儿。'

"那位卖给我这所有书的好人几个月前去世了，书店的主人也死了，但是书店还在那里。如果你正巧经过查令十字街 84 号，能否为我吻它? 我欠它的实在太多了。"


1970 年，《查令十字街 84 号》出版。好运来了，那么不经意。

1971 年夏天，海伦·汉芙走上了查令十字街，站在 84 号门外。书店已经关门了，就像在这个时代所有破灭的美好一样。谁也救不了。房子还在，空着。死去的不仅是弗兰克·德尔，埋葬的不仅是弗兰克·德尔。

1973 年，《布鲁姆斯伯里街的女公爵》出版，海伦·汉芙在书中讲述了她在伦敦和南英格兰的游历。那一次，她见到了德尔的遗孀和孩子。

1975 年，BBC 把《查令十字街 84 号》拍成电视；1981 年，它成了伦敦西区的舞台剧；1982 年，艾伦·伯斯坦把它搬上了百老汇的尼德兰德剧院；1987 年，故事拍成了电影。海伦·汉芙曾开玩笑说："你能想象这是一部关于商业信件的电影吗?"

海伦·汉芙一生孤独。电影中的第二次世界大战的桥段，她的公寓墙上有一张军人照片，她曾深情微笑。似乎暗示了她的独身是因为这个永远回不来的人。但在她的回忆录和所有的文字中从未出现过这个人。现实中，海伦·汉芙从未有过任何长久的或是短暂的爱情。偶有可疑的绯闻也是烟花状的。至于她与弗兰克·德尔，是完全的文学情境。美，因为不相见。

"过去的十年对我来说是不真实的，"海伦·汉芙在1982年曾说，"全世界的读者认我做朋友。在伦敦那家书店旧址的墙上，有一块铜牌写着我的名字，只因我曾给它写信。作为一个没有太多天才的无知作者，你的名字竟然刻在伦敦的大街上！那是做梦也想不到的。"

书的成功并没有带给她一生寻求的经济上的稳定。她说："作为一个作家的坏处是你永远不知道六个月后你的房租从哪儿来。"在最后的岁月，海伦·汉芙依然是"潦倒"的，依靠拥趸和社保生活，并从作家联盟基金获得5000美金以支付医院的账单。

她一生从不掩饰对于烟草与玛蒂尼酒的热爱，无论如何，她活到了80岁。1997年4月9日，海伦·汉芙因糖尿病死于纽约。她没有任何直系亲属。作家住的公寓改了名叫"查令十字"，算是人们对于书籍、温暖与善意的小小铭记。

在她公寓的书架前，一直挂着小书店"Marks & Co"的招牌，那是一位狂热读者在书店关门后为她偷来的，那时，弗兰克·德尔去世不久。


沿第二大道向北，到88街时有一家黑底色饭馆"写作间"（Writing Room），之前它叫"艾莲娜"（Elaine's），另一个纽约文艺人群的据点。

格文妮斯·帕特洛、本·阿弗莱克、詹妮弗·洛佩兹、马特·达

蒙、萨尔玛·海耶克，阿尔·帕西诺，黛安娜·罗丝、黛安·基顿，都是客人。

一间叫"西伯利亚"的房间属于伍迪·艾伦。有一条不成文的规定，只要伍迪在，多大的明星都不能靠近他。

当然，小馆儿是伍迪·艾伦《曼哈顿神秘谋杀案》《名人百态》其中的电影场景。在《曼哈顿神秘谋杀案》开始时，伍迪·艾伦一众人在饭馆的一张桌子边讨论人生的意义、艺术以及勇气。他点着一支烟，却不吸。

经过一些在露台上晒太阳的人，像书房的店堂，像作家的食客，一墙像从前的照片。

只有记忆在墙上

一切崭新，没有叫"西伯利亚"的房间，没有人熟知过去。

在纽约，"长久"是一件艰难的事，即使在伍迪·艾伦的地带。

游荡，无论如何，不会感动于上东区的趣味和价值观。虽然它有辉煌密集的博物馆。


得救在黄昏时，在 93 街与麦迪逊大道交叉口。

一间小书店，名为"角落"（The Corner Bookstore），旧的褚石色，两面大窗，云影书影，混为一谈。

1987 年，有一个常来的顾客，名叫安·班考夫特，那时，她在拍电影《查令十字街 84 号》，她在扮演作家海伦·汉芙。片中，这是海伦在纽约常去的地方。因为电影的场景是 1950 年代，拍摄时，麦迪逊大道临时改成了两车道，来创造旧纽约的气氛。

角落书店

　　质朴清洁，没有任何界定身份阶层的细节，店中的人都怀着明显的
诚意，找一本，读几页，给孩子讲完一个故事。唯一的戏剧性来自一台
老式收银机，一百年，还在工作，发出令人愉快的声音。

　　当高楼有不停的新的灯火，当富有再没有什么可以表达。

　　就在归路，街的数字倒流着，直到东 76 街，直到有一片骚动的人
群，在卡莱尔咖啡馆（Café Carlyle）。

　　"卡莱尔"，1930 年的酒店，艺术装饰风格。188 个房间，看得见风

景，看得见虚荣。

从杜鲁门开始，之后所有美国总统都住过这里，还有来自丹麦、希腊、西班牙、瑞典的国王、王后，黛安娜、伊丽莎白·泰勒、保罗·纽曼。

肯尼迪执政期，"卡莱尔"被戏称为"纽约白宫"。在他生命最后10年，肯尼迪在酒店34层拥有一套公寓。1961年1月，宣誓就职前，肯尼迪来此小住了几天。这里也是他与梦露私会之地。

37年后，1999年7月16日，肯尼迪的儿子，小约翰·肯尼迪在"卡莱尔"吃了早餐。之后，他和妻子、姐姐一起出发，前往马撒葡萄园参加堂妹的婚礼。途中飞机失事，三人全部遇难。

骚动，因为周一，因为伍迪·艾伦。

卡莱尔咖啡馆著名的爵士演出始于1955年。乐手中也有许多大名字。从1996年，每周一，伍迪·艾伦和艾迪·戴维斯的新奥尔良爵士乐队在此表演。他吹单簧管。伍迪·艾伦说："在'卡莱尔'表演是我真正喜欢的一件事。我的乐队在周一演出。这是我在纽约非常向往的。那是单纯的快乐，对我，就是单纯的快乐。我走进去，表演，很棒。它带给我极好的感受。是一种美妙的，美妙的感受。这不是我的职业。我不必焦虑。那是一种置换。事实上，我没有那么好。我能够有机会表演的唯一原因是我在其他领域获得了成功。"

伍迪·艾伦还在这里拍过两部电影，《汉娜姐妹》和《好莱坞式结局》。他说："纽约是他的城，并且永远会是。"


除了人群的冲动，什么也看不见。

所以，一笑。

所以，坚决地穿过路口，消失在人海。

涂鸦中的伍迪·艾伦

彼埃尔酒店〔**The Pierre Hotel**〕
2 E 61st St

**伍迪·艾伦家**
118 E 70th St

**《蒂凡尼的早餐》赫本公寓**
169 E 71st St

278

**查令十字公寓（Charing Cross House）**

305 E 72nd St

**麦当娜家**

152 E 81st St

**写作间（Writing Room）**

1703 2nd Ave

**角落书店 （The Corner Bookstore）**

1313 Madison Ave

**卡莱尔酒店、咖啡馆（Carlyle Hotel/Café Carlyle）**

35 E 76th St

# 外一篇：逃往布鲁克林

那天，赛尔乔·莱昂内注视着这个潮湿的路口，楼的颓唐，防火梯的静默，薄雾中曼哈顿大桥轻飘飘的钢铁。那时，他的演员们走进画面，"面条儿"和他的兄弟，穿过路口，无畏且满怀希望，最小的多米尼克走在第一个，他在一团腾起的热气里跳舞，一直跳出这个镜头。

1984 年，这一刻成为《美国往事》的海报。

多米尼克跳出这个路口一分钟之后，被"臭虫"枪杀，在莫里科尼的配乐下，在"面条儿"的怀里，他说："我滑倒了。"

构成路口的两条街，一条是水街（Water St），一条是华盛顿街（Washington St）。

此时，从与电影垂直的方向穿过这个路口，一直走，到尽头，就是东河强烈的水光，对岸下东区的高楼，耸动的天际线，正看着水光和对岸的游客，以及从他们面前走过的故事中女人们的背影。

这是当堡（Dumbo），这是布鲁克林（Brooklyn）。

当堡东河边

"士绅化"（Gentrification）是一个心酸的词，指某个地方由于艺术与艺术家的到来而得以提升，招引了有钱人，抬高了生活成本，穷艺术家却不得不搬走。对他们，这个词意味着不能承受和不断被驱赶的过程。也因为这个词，格林威治村的波希米亚人长久地消失了。

由于超高房价，艺术家们先是移到苏荷，接着迁往运河街以南的三角地翠贝卡，之后，离开曼哈顿岛，穿过东河逃往布鲁克林，在金钱的绞肉机里马不停蹄。

当堡是位于曼哈顿桥与布鲁克林桥之间的区域。1890 年代，这里是工厂和仓库，制造机械、纸箱、肥皂盒。1955 年，库布里克的电影《杀手之吻》曾在当堡拍摄。随着"去工业化"的进程，1970 年代，许多艺

术家来这里寻找大而低价的工作室和住房。1978年,"当堡"这个名字产生,意为"在曼哈顿桥下"。在《香草的天空》中,这里是索菲娅的公寓所在地。在《绯闻女孩》中华盛顿街的场景经常出现,意味着从曼哈顿到布鲁克林。

20世纪末,房价不停上涨,当堡的波希米亚生活也被冲垮。

烈日下,是游客,是在"布鲁克林冰激凌工厂"外排长队的人,以无辜的半小时换取一只"纽约最好的冰激凌"的人。这个地方是救火船的旧址,可远眺曼哈顿。是救火队员训练的场地。冰激凌有8种口味。

艺术家继续逃离,逃往威廉斯堡。在更远处,看不见河流和对岸。

比如这列L线的地铁,只有不明确的灯光,前行的轰响以及短暂的停靠。


作为一个布鲁克林城镇,威廉斯堡(Williamsburg)建造于1661年。19世纪中开始大幅度工业化。1903年,威廉斯堡桥的开通使曼哈顿下东城的贫民大量涌入,这里成为纽约人口密度最大的城区。贝蒂·史密斯的小说《一棵生长于布鲁克林的树》描述的就是这一时期的威廉斯堡。第二次世界大战后,从欧洲来的大批难民涌入,包括为数众多的大屠杀幸存的犹太人。之后,波多黎各人、多米尼加移民开始在这里定居。经济的萧条与贫困,滋生了暴力犯罪与毒品。1973年阿尔·帕西诺主演的电影《塞尔皮科》就以发生于此的暴力袭警事件以及警界腐败以蓝本的。

1970年代,第一批艺术家来到威廉斯堡。原因是同样的:低房租、大空间、交通便捷。由于苏荷及东村的士绅化,更多人在1980—1990年

威廉斯堡厂房

代持续来到威廉斯堡。1996 年时，艺术家人口已达 3000。出现了一众画廊比如"前室"（Front Room Gallery）与剧院比如"砖石剧场"（The Brick Theater）。

被遗弃的工业建筑和其他街头场所成为行为艺术、戏剧及音乐的演出地点。围绕贝特福德地铁站形成新的文化领地。"沼泽"（The Bog）、"保持冷冻"（Keep Refrigerated）、"蜥蜴尾巴"（The Lizard's Tail）、"潮汐工厂"（Flux Factory），吸引了大量画家、音乐家、地下艺术人，进行晚场

音乐、舞蹈、行为艺术等演出。它们都是无证场所，偶然被官方介入，短暂被查封。这些活动最终由于地租的上涨和法规的执行而消失。

许多合法的商业音乐秀场也在威廉斯堡开张，包括"派特的糖果店"（Pete's Candy Store）、"威廉斯堡音乐厅"（Music Hall of Williamsburg）。威廉斯堡也是现场音乐的家园和新乐队的孵化器，吸引了著名的放克、灵魂、爵士、世界音乐（World Beat）等典型的音乐家。这里还是电子撞击乐（Electroclash）的诞生之地。

《美国往事》中有许多场景在威廉斯堡。《沉睡者》中出现多次的天主教堂就在蒙特罗斯街上。电视剧《24》把这里设定为与恐怖分子交火的地点。《破产姐妹》的故事发生地也是威廉斯堡。艾薇尔·拉维尼的歌《我的美好结局》MV也是在这里拍的。

地铁停在贝特福德站，贝特福德街（Bedford Ave）。

一条晴空的街，一条丰盛的街。当艺术相遇街头生活，总有一言难尽的东西。街的宽度恰如其分，亦亲亦疏，若即若离，两侧漫长的店铺，个性强烈，密集、孤立。在二手店"灯塔的密室"（Beacon's Closet），一堂别人的衣裳，岁月的皮肤，淘衣服的人，表情像是在找寻自己遗落的过去。在一个叫"耳垢"（Earwax）的小唱片店，随便买一张陌生歌手的黑胶唱片，随便听一曲，再走。之后，是感伤。那家曾经的叫"动词"（Verb）的咖啡馆关了，"艾拉"（Ella）也关了。所以，这时，走进了"黑砖"（Black Brick），在一个嬉皮地方，喝一杯冰拿铁，看一眼大街。

店铺外，贝特福德街有另一层浮动的空间，人行道上的商贩和艺术家。击打声来自一段木桩顶端的铁砧，来自这个男人手中的锤子，来自这个银手镯上慢慢显现的十字。一张小桌一块布一群首饰。要卖的东

贝特福德街

西，却没有价格。接着是书摊和在文字间翻动烈日的人们。像这条街打
开的身份证。接着的是树影下这个画画的女人，她以 20 块的价格卖小漫
画，配着冷笑话。她说，无论多么荒谬的生活我们都得爱它。接着有不
长的空白，接着是这个一脸旧日气氛的青年，一台打字机，一把椅子，
一张纸写"给我一个字，给你一首诗"。写了"Believe"给他，他什么也
没说，打字，两行"每一次相信，我必须走过谎言"。

为街头艺术而战

还有那些涂鸦，那些心思、那些伤疤。比如，公用电话亭上被风吹掉的面孔，这句重复写了许多行的话"我无法呼吸，我无法呼吸，我无法呼吸……"比如，地铁出口墙上不能定义的乱线。

1985 年，摄影师麦克尔·哈尔斯班德拍过一张黑白照片，纯白背景，安迪·沃霍尔与米歇尔·巴斯奎特，戴着拳击手套，双手交叉在胸前，目光直视。街头艺术家科博拉（Kobra）把它画在了北 9 街路口，一面公寓的墙上，加上了大量的彩色几何图案和一句话："为街头艺术而战！"

裸体并不能说明你是谁，只能说明你没穿衣服；你穿了什么说明你是谁。在贝特福德街每个人的打扮都是如此不同，唯一惊人的相似是他们如此不同。

在此时眺望，一街觥筹交错，一街我行我素。在所有敞开或封闭的空间，热或寒冷的位子，与情人与狗、酒、咖啡、茶，交谈、行走、沉默不已。此时，突然大声地说笑，一条街有了巨大的声响和复杂的气味。一个女人抱着一盆兰花穿过路口；地铁站外不洁的角落，有纤弱的少女打着忧伤而漫长的电话；擦肩而过的指间持烟的少年，背包露出的书印着克鲁亚克的脸，不停倒退。

那是再次进入地铁前看到的最后一张脸。


游客是城市的恩客，是艺术家的死敌，像锈，像疾病。贝特福德街布满游客，它依然可爱，可是，有钱人来了。低房租是艺术家选择这里的主要原因。情况在1990年代后期急剧变化，威廉斯堡的地价飞涨。"士绅化"再次冲击了威廉斯堡，许多没钱的波希米亚人再次被驱赶，寻找新的更边缘的去处。他们开车、进入地铁或是徒步，去向不明，但必须远点儿，再远点儿。

直到列车开出地面，停在半空，这一站，这个叫布希维克（Bushwick）的地方。

布鲁克林北部，一个工人阶级市镇，居民多是拉丁裔，有贫穷有暴力。游荡，摩根街（Morgan Ave）、布加特街（Bogart St）、塞吉尔街（Seigel St）、怀特街（White St）……有不断浮现的粗野的迹象，大片的厂房、工业废墟、耸动的水塔、空场、长墙、铁丝网、被遗弃的皮卡。带来心灵的是绵延不绝的涂鸦与墙画，潦草的，认真的，细节的，宏大的，童话般的，末世般的。温暖如爱，黑暗如头骨，安静如蝴蝶，灿烂如猛虎。有些只是文字，这一句"我从未离开，只是你看不见我"，那一句"有些事，从未改变"。

下一路口，占满相机取景框的是一整面墙，写着"永远，永远，不要孤单"，等一个孤单的人，填满角落，等一个孤单的人走出这个路口。

游荡，反复游荡。

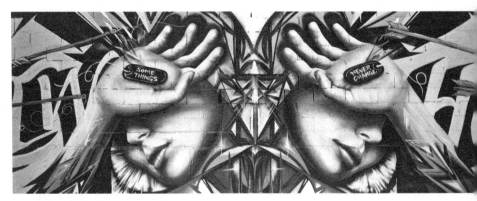

"有些事从未改变"

　　一辆哈雷机车的轰响拖着长长的黄昏。这个时刻，有的人的一天就要结束，有的人的一天刚刚开始，无论如何，他们出现在了街头。有人在街头摊上翻找旧衣服，有人把唱片和书铺满台阶，有人在倚着铁丝网亲吻，有人在酒吧破烂的露天椅子里痛饮，有人只是默默穿过一个个路口。

　　在布加特街的核心地带，走进49号，一家叫"燕子"（Swallow）的咖啡馆，都是来此喝一杯以打开夜晚的人，嬉皮小馆儿，粗鲁的侍者和好喝的卡布其诺。大窗外，一伙青年正在拍电影，街边端庄的老妇读着道具报纸，导演用法语为她说戏，说他想要的某种惊恐的表情。摄像、灯光、场记，一遍一遍来过。黄昏中是女演员不断重复的惊恐。

　　不是归人，只是过客。得走了，尽管杯中的泡沫还没有碎完，尽管电影的镜头还零乱着。

　　之后，遇到这个背琴的青年，布鲁克林这一天最后一个波希米亚人，走了同一条路，在同一个地铁站，等车。美丽的光线下，他所眺望的，正是曼哈顿的方向。

思考的导演

艺术青年

# 语录：所谓纽约

**西蒙·德·波伏娃** ［Simone de Beauvoir］：纽约的空气里有种东西，使睡眠徒劳无益。

**斯科特·菲茨杰拉德** ［Scott Fitzgerald］：从皇后区大桥眺望这座城市，永远都将是第一次眺望，一如它最初的狂妄，许诺了这个世界所有的神秘与美丽。

**伍迪·艾伦** ［Woody Allen］：他痴恋着纽约市。他盲目崇拜纽约的一切，痴迷得不成比例。

**保罗·奥斯特** ［Paul Auster］：一个永不枯竭的空间……它总是带给他迷失的感觉。迷失，不仅在城市中，也在他自身之中。每次他出去游荡，都觉得仿佛把自己留在了身后。

**狄兰·托马斯**［Dylan Thomas］：我相信纽约人。他们是否曾经质疑过他们赖以存活的梦想，我不知道，因为我将永远不敢提出这个问题。

**沃特·惠特曼**［Walt Whitman］：给我如此好戏，给我曼哈顿的街！

**朱娜·巴恩斯**［Djuna Barnes］：纽约是人们相遇的地方，这是唯一一座城市，你很难找到一个典型的美国人。

**刘易斯·布莱克**［Lewis Black］：我爱纽约城。我住在纽约是因为，它是这个星球上最喧哗的城市。

**库特·冯尼格特**［Kurt Vonnegut］：我去纽约是为了重生。当火车进入纽约城的地下隧道，牵带着管道和电线，我出离子宫进入产道。

**鲍勃·迪伦**［Bob Dylan］：纽约是这样一座城，你可能被冻死在一条繁华街道的正中，而没有人会注意到。

**琼·狄迪恩** [Joan Didion]：我依然相信可能性，依然相信，只对纽约，会有非凡的事情发生，在任何一分钟、任何一天、任何一个月。

**约翰·列侬** [John Lennon]：我深深遗憾不是一个美国人并且没有出生在格林威治村。

**马克·吐温**［Mark Twain］：在纽约留下痕迹，你会出人头地。

**詹姆斯·鲍德温**［James Baldwin］：任何在纽约出生的人在面对任何其他城市时，都会有病态的障碍：所有其他城市看起来，往最好里说，是一个错误；往最坏里说，是一个骗局。

**安吉拉·卡特**［Angela Carter］：城市是有性别的：伦敦是男人，巴黎是女人，纽约是调适良好的变性人。

**拉尔夫·爱默生**［Ralph Emerson］：纽约是一个被榨干的橙子。

**亨利·米勒**［Henry Miller］：在纽约我总是感到孤独，笼中野兽一样的孤独，它带来罪恶、性、酒精和其他的疯狂。

**查理·布考斯基**［Charles Bukowski］：在纽约你得获取所有的运气。

**欧文·柏林**［Irving Berlin］：每个人在他们的生活中都应该有一个下东区。

**勒·柯布西耶**［Le Corbusier］：有一百次我觉得纽约是一个灾难，而有五十次：这是个美丽的灾难。

**弗兰·丽波维茨**［Fran Lebowitz］：当你离开纽约，你会惊异于之外的世界是多么干净。干净并不足够。

**米洛斯·福曼**［Miloš Forman］：我从出租车下来，这是仅有的现实比明信片更好的城市。

**罗伯特·德·尼罗** [Robert De Niro]：我去巴黎，我去伦敦，我去罗马，我总是说："没有哪个地方像纽约。它是世界上最令人兴奋的城市。它就是这样。就这样。"

**约翰·斯坦贝克** [John Steinbeck]：纽约是一个丑陋的城市，一个肮脏的城市。它的气候是一个丑闻，它的政治是用来吓唬孩子的，它的交通是疯狂的，它的竞争充满杀气。但有一件事是——一旦你住在纽约，它已经成为你的家，没有别的地方比它好。

**阿尔贝·加缪** [Albert Camus]：有时，从摩天大楼背后，一艘拖船的尖叫进入你的不眠之夜，你记起这片钢筋水泥的沙漠是一个岛屿。

**欧·亨利** [O. Henry]：拉起窗帘让我能够看到纽约。我不想在黑暗中回家。

**吉米·布雷斯林** [Jimmy Breslin]：真正的纽约人并不真正寻求对外部世界的了解。他们觉得如果什么事不在纽约那就没什么意思。

**罗伯特·摩西** [Robert Moses]：每个真正的纽约人从心底相信着，当一个纽约人厌倦了纽约，他就厌倦了生活。

**苏珊·赫兹** [Susan Erzt]：它的建造从来不是为了公民的舒适与幸福，而是为了让世界震惊。

**H.L.** 孟肯 ［H.L.Mencken］：纽约，一个三流的巴比伦。

**米兰·昆德拉** ［Milan Kundera］：纽约的美建立在一个完全不同的基础上。这是无意而为的。它独立于人的设计，如石笋洞穴。本身相当难看的形式被突然提升，没有设计，在这样不可思议的环境，它们突然闪耀出奇妙的诗意。

**达许·汉密特** ［Dashiell Hammett］：你今天为什么不保持清醒？我们来纽约不是为了保持清醒。

**乔治亚·欧姬芙** ［Georgia O'Keeffe］：纽约是画不出来的，只能画对它的感觉。

**埃尔顿·约翰** ［Elton John］：现在我知道纽约城从来没有玫瑰树。

**拉尔夫·埃利森** ［Ralph Ellison］："纽约，"他说，"那不是一个地方，它是一个梦。"

**科伦·麦凯恩** ［Colum McCann］：就好像它是唯一一个曾经存在过的地方，也是唯一一个将永远存在下去的地方。

**格雷·施特恩加特** ［Gary Shteyngart］：我以纽约为荣，比任何时候都强烈。因为它做到了别的城市无法做到的事情，从自己的愤怒中幸存下来。